教育评价

标准、评判和调整

[澳] 瓦伦缇娜·克兰诺斯基
克莱尔·怀亚特-史密斯 著
张晓涛 主编 沈 蕾 译

江苏凤凰教育出版社
Phoenix Education Publishing, Ltd

图书在版编目（CIP）数据

教育评价 / 张晓涛编著. -- 南京 : 江苏凤凰教育出版社，2016.3
（教育考试评价丛书）
ISBN 978-7-5499-5674-6

Ⅰ. ①教… Ⅱ. ①张… Ⅲ. ①教育评估—研究 Ⅳ. ①G449.7

中国版本图书馆CIP数据核字(2016)第068200号

目录

作者简介

瓦伦缇娜·克兰诺斯基是澳大利亚布里斯班昆士兰科技大学的教育学教授。她的研究兴趣涉及课程和评价改革与发展、评价和学习以及评估和社会正义。最近的研究兴趣包括课堂评价的公平性、针对文化的评价和教学、标准驱动评价改革中的教师评判和社会调整。瓦伦缇娜在评价和学习、课程和评估领域内发表过论文,曾任教于伦敦大学教育学院和香港教育学院。

克莱尔·怀亚特-史密斯任教于澳大利亚天主教大学教育学院,是教育评价和读写能力教育系的教授和系主任。她对评价和读写能力教育的兴趣始于任职高中英语教研组组长时。之后她开始向专业评判和教师评价素养(包括标准的使用和社会调整)的研究领域发展。克莱尔的研究方向为职业评判,这与各层次的教学相关联,包括高等教育和特殊教育。她目前受资助的大型项目包括数字时代的评价、电脑游戏以及标准化测试的特征及其对学习者和被动型读者的影响。克莱尔教学经历丰富,在澳大利亚及国际上的评价政策相关机构担任顾问。

序　言

这是一部力作。它不仅展望了州立评价体系的美好未来，而且在阐述如何实现这一未来的过程中，援引了他人的证据来证明这一理想的评价体系可望，可及，可为之奋斗。然而，描绘宏图不易，要道明始末缘由，条分缕析，最后爬梳整理，更难——这要求作者不仅具备作为教师敏锐、独到的洞察力，而且具有魄力和能力去应对时代对学校和教师提出的新的挑战和机遇。

1999 年，戴维·哈格里夫斯（David Hargreaves）在他的“创造知识的学校”一文中指出，在当代社会，学校不仅应该培养学生更高层次的知识和技能，而且需要培养他们的“个人素养，包括独立自主、自我管理、社交能力、创业精神和创新能力，为他们今后在职场上奋斗打拼做好充分的准备”。他又补充道，教师需要具备根据学生的需求培养他们上述新技能的能力。这一理念目前已经获得更多人的认同，哈格里夫斯当时对此做出了进一步的阐释：

> 如果教师不具备根据学生需求培养他们新技能的能力，不能在教学中融入对学生这些重要能力（包括适应能力、社交能力和创造力等）的培养，那么显而易见，学校教育就无力应对新世纪的挑战。(1999:123)

要在学校教育中贯彻这一理念并非易事。总有那么一些人，固执地以为他们对于时代对教师职业能力提出的新要求早已心知肚明，并且利用手中的权利，将他们故步自封的一己之见上升为体制政策的一部分。其后果是：

> 最近教育改革出现的弊端之一就是教师的职业知识创造过程受阻，而教师的职业知识创造能力是当代教育适应这个日新月异的时代的关键所在。(1999:123)

由于教师的职业知识创造能力是教师参与评价实践的关键，所以这一后果的严重性在评价领域尤为明显。

在这一背景下，评价被推上了风口浪尖。在整个教学领域内，评价的作用长期受到扭曲。理论研究中，评价处于教学的边缘；教学实践中，评价成为学习的对立面，饱受非议。由于评价被视作是实现问责和“驱动”标准的工具，其恶果之一就是为了便于批改测试沦为了短答题的集锦，而教师则迫于压力不得不进行大量的“应试教学”。不仅如此，用于评价在校学生学习进步的校本年度测试，纷纷效仿以问责为目的的外部测试。造成的结果是：校本评价的质量堪忧，基于评价做出的决策不力。这就是很多州立教育体系中评价和教学关系的真实写照。这样的现状令人沮丧。

与之相反，本书呈现出另一番景象。作者在书中树立评价的正面形象，强调评价在教学和学习中的中心地位，呼吁对教师职业自主权的支持和尊重，从而实现对未来评价体系的展望。

本书在评价研究领域中做出了独特而宝贵的贡献：它一方面从理论上清晰地阐述了开展评价实践的指导方针和操作流程，另一方面提供了多年积累的大量的评价实例来说明上述评价理论在具体实践中的应用。作者有幸在澳大利亚昆士兰州以及其他一些国家从事教育工作，更有心在教学过程中采集具体的证据进行相关的研究。理论和实践，两者做到了很好的结合。

本书强调了评价的几个重要特点。其中，教师首先需要对标准的解读达成共识，他们所做出的基于标准的终结性评价才具有可比性和可信度。而调整是达成这一共识的良好途径。在调整过程中，教师对学生任务样本的评分进行交流，通过比较讨论各自对标准的解读，最终达成对标准的共识。从表面上看，这无疑给教师增加了额外的工作负担，但是随着教师调整经验的积累，他们的收获也随之增加。他们在评价实践中不仅提高了自信心，而且通过与同行的切磋交流，更加注重追求评价的高效度。

教师在终结性评价的调整过程中表现出来的责任心就是提高评价效度的前提。以下一系列终结性评价方式，都需要评价者在调整过程中寻找证据：正规测试，完成过程中需要学生在图书馆或者互联网上检索资料的项目性评价任务，探索性科学调查任务，不同体裁的写作任务等。每一门学科都可以根据课程学习的具体目标建立自己的评价任务档案。档案应该包括学生在不同时间段、不同情境下完成的各项任务，这样才能保证评价结果的高效度。每一位学生的评价任务档案同时也是他们个人的学习成果。教师可以顺势引导学生理解任务目标，了解任务质量要求，从而帮助学生建立最佳档案，为自己的学习成果担起自己的责任。

评价的改革绝非一蹴而就。书中援引的成功实例无一例外地说明了要贯彻新的评价理念，需要坚持不懈的努力。本书提供了大量的实证，为致力于评价改革的教育工作者们提供了具体的指导，其中既有成功经验的分享，亦有前车之鉴的提醒，更有对未来宏图的展望。

很多教育政策的制定者想当然地以为外部测试是实现高风险问责的途径。然而在教育领域之外，评价任何人类活动，都不可能仅仅依赖于一次决定命运的外部测试成绩，尤其这是闭卷笔试，受试者必须在高度的精神压力下，全凭记忆完成。这样的悖论缘于新的评价理念的缺失。本书倡导新的评价理念，呼吁社会对教师职业发展的支持，展望评价改革的美好前景。

参考文献

Hargreaves, D. (1999) 'The knowledge-creating school', *British Journal of Educational Studies*, 47 (2): 122 - 144.

保尔·布莱克 (Paul Black)

伦敦国王学院科学教育系，教育和职业研究系荣誉退休教授

致　谢

评价是在实践共同体内进行评判和参与的社会过程。这个贯穿本书的重要观点，也贯穿了本书的整个创作过程。我们在撰写本书时，有幸参与到由学者、研究人员、教师和政府官员组成的评价共同体中，他们都持有“以评促学”的理念，并愿意贡献一己之力。通过与他们的交流与辩论，我们获得了有益的反馈，从而对评价有了更深层次的理解。

在撰写本书的过程中，我们得到了很多同事、朋友和家人的支持和鼓励。我们恕不能在此一一列举他们的名字，但是下面几位是我们需要特别感谢的。首先，感谢我们的家人，感谢瓦伦缇娜的哥哥 George Klenowski 耐心、细致地阅读我们每一章的初稿，并且提出宝贵而具体的修改意见；还有 David Smith，Matthew Smith 和 Rachelle Wyatt-Smith，克莱尔真心地感谢他们的一路扶持。

还有很多同事，对他们的支持，我们衷心地表示感谢。特别是荣幸地请到保尔·布莱克教授为我们写序，并且分享他的真知灼见。感谢 Kay Kimber 博士，她的关于数字时代读写能力和多模态评价的论著，对课堂评价实践具有重要的应用价值。感谢布里斯班女子中学的同行们，格里菲斯大学的研究人员们，我们之间多年来的合作交流，为本书第八章的撰写打下了基础。我们还要由衷地感谢教育和培训系，天主教和独立教育专业的同事以及昆士兰研究机构的研究人员，他们崇尚的教育理想和职业精神，一直引领着本书。所有参与我们评价实践的老师和同学们，也是我们在此需要特别感谢的。正是由于他们的参与和合作，才有了本书的问世。我们还要感谢 Belinda Hampton 授权在第七章引用她和她学生的资料。

需要特别感谢的还有与我们长期并肩作战的同事 Peta Colbert 博士，他为我们引荐了编辑顾问 Renée Otmar 博士。Renée Otmar 博士敏锐的职业洞察力和敬业精神保证了本书的顺利出版。

最后感谢下列部门和单位授权引用他们的资料：

• 昆士兰教育研究会—— 图 2.1 和 2.2

• 澳大利亚课程评估和报告机构——图 2.3

• 澳大利亚课程、评价和证书部门——第七章“评价原则”（*Principles of Assessment*） F1 - 12

• Kay Kimber 博士——表 8.1

• 昆士兰教育、培训和就业部门——第二章和第四章的材料

• Belinda Hampton——第七章的课堂资料

• 本书引用的图 2.3 符合版权法 1968（Commonwealth），版权属于澳大利亚课程评估和报告机构（ACARA）。澳大利亚课程评估和报告机构不注明也不证明所提供信息的准确性，对于不完整信息或者不准确信息不负有责任。图 2.3 的引用经澳大利亚课程评估和报告机构授权。

第一章
评价的演变

引　言

本书呈现了理性的问责（O'Neill, 2002）所涉及的评价的质量，该评价包括但不局限于考试。我们的论证双管齐下：其一，高质量的评价要求教师拥有良好的评价素养；其二，教师是发动高需求的评价改革的主体。

在对上述两点的论证过程中，我们结合了标准、教师评判以及调整这三个要素。长久以来，这些要素主要是以孤立而不是相互渗透的方式呈现出来的。我们在本书中将三者融为一体，从而为高质量的评价实践提供了新的视角。在接下来的章节中，读者会接触到信度、效度等与评价相关的传统概念，也会对制定评价政策的全球化背景产生新的认识。此外，读者还能进一步意识到系统评价和课堂评价的实施必须源于公正。本书故而提出了"伦理评价"这一新概念。评价涉及社会正义和公正原则。在21世纪，高质量的评价，其效度和信度固然重要，但它需要纳入第三个同等重要的因素即道德伦理因素，才得以完善。

我们着眼于评价标准－学习－教学－评判－调整的交会处。我们视其为一个可以重新诠释评价的新视野。其中我们可以明确评价的双重目标，即促进学习以及确定或者评判质量。在实现上述目标的前提下，我们的重心落在了这个交会处，因为它能将系统与现场评价保持一致，从而推动教学，提升学习，强化问责。

人工评判是评价实践的核心。本书虽然主要关注教育领域的评判和决策，其观点也同样适用于其他领域。书中的经验之谈，诸如关于如何理解对职业评判实施的影响因素等问题，对其他领域的研究也有值得借鉴之处。

教师评价素养的培养

教师的“评价素养”指教师应该具备全面的技能和理解力来设计高质量的评价任务，并使用评价标准和评价证据来辨别、监控和促进学生的学习，评判学生完成任务的质量。上述技能和理解力为实现社会的正义和公正奠定了基础。也正是基于正义和公正的实现，评价才得以成为一个师生真正相互分享的共同事业，使全体学生，无论成长背景、学习天赋、学习成绩如何，最终都能从中获益。

本书以教师为中心来描述课堂评价，通过丰富的评价文献和实证发现来阐明自己的观点，因此对教师在日常教学中的评判和决策过程具有一定的启迪和指导意义。我们贯穿全书的指导思想是：在以问责为驱动的体系中，课程、教学法与评价的实施相互协调一致，是提高学习能力、促进学习者参与的主要策略。此外，本书致力于连接历史、现在与未来，通过我们迄今对于评价与学习的理解来展望未来评价的研究前景以及全球化社会中日新月异的新学习环境。

有充分的证据表明，在这个经济浮动较大的年代，多国对于其教育体系的质量和效率抱有日益增加的担忧。各国政府都在采取一系列的策略和投资手段，培养与时俱进、业务精通的劳动力，希望他们能够在满足不断变化的国际需求的同时保持较高的工作效率。一些新的项目应运而生，其中有三项与本书直接相关。很多国家启动了重大的课程改革，并且对大规模标准化测试在地方、区域、全国以及国际上的公开成绩报道不惜重金投资。与此同时，新兴科学技术在评价中的作用也日益凸显，为评价的实施和改革提供了前所未有的发展空间。

在这样的大背景下，本书处处表露出走向全纳教育的愿望。全球各国都不约而同地进行教育改革，推广全纳教育，确保学生在高中以及高等教育阶段的积极参与。如何满足更多的学生在正式教育（贯穿低龄教育到高等教育）各阶段的学习需求并确保他们的积极参与，已经成为全球各地教育政策的重心。这一政策的实施使学校得以吸收更多各种背景的学生。当然，上述现象也部分归因于全球流动人口的增加。与此同时，各国对教育全纳性及生源多元化的重视折射出两大社会问题的根源：就业机会的减少以及高科技时代低技能工作机会的减少。

为了适应上述国际形势的发展，世界各国的课程管理机构和教育部门在设置课程时力求面向未来。许多国家扩大了课程范畴，强化了课程要求，倡导从知识、技能、性情等各方面全方位地培养学生，保证他们在校内外学习团体的积极参与。此外，人们愈发意识到在教育评价改革和教学方式创新中应用信息和通信技术（ICTs）的重要性。事实上，评价以及教授适应21世纪的本领技能俨然已经成为国内和国际的首要任务。具有代表性的研究项目包括：国际项目“21世纪技能的评价和教授”（*Assessment and Teaching of 21st Century Skills*）（Griffin et al., 2012）以及美国教育考试服务中心（ETS）研发的项目“基于认知的学习性评价”（*Cognitively Based Assessment of, for, and as Learning*）（*CBAL*™）。这类项目的研发表明：信息和通信技术对评价的改革产生了突破性的影响；不仅如此，国家对教学评价及其革新日趋重视，投资兴趣和力度持续加大。这并不出人意料，因为教育与评价事业的商业化趋势业已成为共识。这一新的发展趋势也在时刻提醒着我们：优质的教育和个人的前途息息相关。教育的宗旨是培养有专长、善变通的劳动力以及有创意、能创新、会合作、善于学习新知识并且懂得运用和创造知识的公民。

评价的改革势不可挡，但许多国家对评价的主流认识仍然停滞不前：终结性评价采用的依旧是传统而且安全的考试方式以及考试成绩的公布和证书的颁发。迫于公众对考试结果的各种需求，贯穿于教育各阶段的形形色色的考试甚至有增无减。在许多国家，古老的考试似乎能够逆着时代变迁的潮流，对抗着学生随之变化的需求，顶着迫在眉睫的国际压力，纹丝不动地维持着它在评价方式中“安全”而可靠的地位。反思文凭颁发标准的一成不变以及大学招生制度的墨守成规，即可窥斑见豹。

鉴于上述国际形势，我们力图链接评价的过去、现在和未来。我们的观点建立在“高于测试”的空间里。同时，对“优秀教师”新的界定也促使我们重新审视对评价的定位。我们所关注的是进行让教师、学生以及广大公众信服的高质量的评价。它的实现依赖于递归性决策的实施，涉及标准、学习机会、教学法、课程及资源搜索等多种因素。此类决策方法是优质教学的关键，体现在教学质量和效率的保证以及对学生多方面需求的满足。我们也力图链接评价与课内外知识、数字时代的读写能力和新兴科技知识，从而重构评价体系，从对知识习得的注重转向对学习参与的重视，最终实现对知识创造的评价。我们充分认识到：评价的演变与人们对知识习得的认识发展几乎步步相应，任何评价的理论基础都可以追溯到相关的知识习得理论。因此，传统的评价理论体系下，考试与学习测量被赋予了价值，它们在过去的两个世纪中一直为文凭的颁发和人才的选拔充当“门卫”和筛网的角色。而新的学习论从社会文化的视角出发，对学生团体和学习参与赋予了新的意义，教师和学生在评价中的角色亦随之改变，评价方式多元化的呼声愈来愈高。因此重构之后的评价体系中的价值体现在师生间及学生间的互动，这种互动被视为一种社会行为。正是通过沟通和参与，师生得以共建知识体系。故而我们对评价有了新的认识，它应该包括新兴科学技术辅助下的知识重构。新兴科技对评价实践和评价过程的潜在影响力由此纳入了我们评价研究的视野，这代表了评价领域的一大发展。正是科技在教育领域的介入使我们得以更好地去评价学生的动态学习状况，包括他们（个体或集体）的学习成果、学习过程以及学习互动。例如电子学习档案的建立就可以让我们“亲眼目睹”学生的学习过程、学习成果以及网上学习记录。

在这一新的评价体系中，标准和评判彰显其重要性。我们力求将评价和课程有机结合从而提升学习，并且通过贯穿始终的动态评价（Wyatt-Smith and Bridges，2007）侧重高质量的任务设计以及终结性标准在教学上的应用。这些因素有助于促成可持续性评价文化，衔接系统评价和现场评价。在这一改革的召唤下，以社会文化为中心的学习、调整和标准的应用应运而生，层出不穷的新兴技术在其中的作用固然功不可没，但是，技术本身仅仅是工具，而优秀的教师则善于创造跨学科的学习机会，引导学生将各种知识融会贯通。这就要求教师不仅精通专业知识，而且能将专业知识和社会知识、数字时代的读写能力、有关标准的知识、对质量的正确认识有机地结合起来。这是教学质量的保证。

与上述理念相契合，本书也努力挖掘一名合格的21世纪公民所必须具备的重要特质和能力并且做出相应的评价，尝试将创造力、创新与设计能力以及批判性思维能力纳入学业成绩标准之内。我们致力于开拓评价的新领域，扩展评价的研究范畴，将个体学习与集体学习、传统技术与新技术的运用等各种元素囊括其中。这自然就再次提到新兴科技了，不仅如此，还有各种科学技术的相互融合、它们给教学和学习带来的种种影响以及由此引发的对质量评价中重要特质的重新界定。

我们也充分认识到测试以及课堂评价的全球化背景。本书关注大规模的国际性测试，包括国际学生评价项目（Programme for

International Student Assessment）(PISA)、国际数学与科学趋势研究项目（Trends in International Mathematics and Science Study）(TIMSS)、国际阅读素养进展研究项目（Progress International Reading Literacy Study）(PIRLS) 以及由多个国家参与的国家级测试改革与研究项目。我们在本书中会涉及标准参照性测试的一些数据，分析如何利用这些数据来影响国家相关政策的制定和修改以及课堂评价的实施，探讨标准的制定和应用如何对系统评价和地方现场评价的实践和改革起到促进作用。

评价、课程和教学法的协调一致也是本书探讨的重心，它是教育各阶段改革的重要驱动力。事实上，这三者之间的协调一致，或者更精确地说，它们之间的一致程度是教育质量的标志，是教一学动态过程的核心所在。教师在评判中必须充分考虑到学习者、学习过程和评价之间的关系，三者缺一不可。在标准参照性评价体系中，教师评判对课程和评价设计都起着至关重要的作用。这里，教师评判特指教师为平衡评价、课程和教学法三者之间的关系而做出的决策。这是因为标准中所规定达到的质量和水平既适用于课程设置中的某一特定学科，亦可用于教育各阶段中的不同学科。本质而言，标准的制定必须基于测试构念才能指导教师对学习过程和学业成绩做出科学的评判。相应地，通过评价要求与任务反映出来的学生的学业成绩也必须以标准为参照。

时代的发展使我们得以获取更多关于学习过程和学业成绩的评价证据，这也是我们撰写本书的动机所在。一些国家已经走在了评价研究的前沿，强调教师评判、标准和调整这三个要素在完善问责体制中的重要性。这些国家的教育体系有这样的共识：推广标准参照问责体系，高度重视教师专业评判的重要性。这份支持需要有一定的质量保证举措做支撑，令公众信服的可靠的教师评判体系才能最终建立起来。师生关系同教师的专业知识和教学技能一样，在该体系中具有举足轻重的地位。以建立标准相关问责体制为目标的评价改革以及社会对教师专业评判及调整的日趋重视，对教师、学生、家长、监护人和公众提出了新的要求，要求他们具备更高的评价素养以及合理使用标准的能力。这些新的要求源于这个课程与评价改革盛行的时代，而也正是这个日新月异的时代催生了本书。因此，本书也旨在探索具有高效度和信度的评价和评判措施所必须具备的各种条件。我们的观点源自于社会调整实践研究，对教育部门、地方组织以及学校等不同层面上进行的调整措施的分析。我们期望这些见解能够帮助读者更深入地了解评价改革。

很多作者在谈论教育机会的时候都强调质量。创造高质量、公正的教育机会也正是全球教育发展的趋势所在。为适应新形势的发展，本书探究如何扩大质量评价的内涵，使评价内容不囿于基本的读写和计算能力，而涵盖复杂的推理能力和批判性思维技能，以及面对困境所展现的机智力、意志力和适应力。这些能力亦属于教育应该拓展的范畴。

本书探讨保障质量和标准的方法，摸索如何通过调整而使检验体现其应有的作用。我们关注的是教育工作者如何在他们的教育实践中使用标准，而非仅仅因为政策要求而走过场。换而言之，我们关注教师如何自觉自律地使用标准，并通过评判实践对标准的理解达成共识。

在探讨如何通过调整来达成对标准的共识时，我们诚邀读者共同思考这样的问题：在使用标准时如何解读标准？标准本身如何通过使用被赋予意义？本书的论证从三个方面展开：遵循标准的教师评判是保证良好学习环境的关键；调整是检测教师对标准的解读和使用是否得当的检验方法；调整有助于确保标准使用的跨时间和跨地点的一致性。诚然，这并不意味教师评判和调整是保证问责的唯一手段，也并不意味我们对校外考试和大规模测试的排斥。教师评判和调整在质量评价中的作用亦包括对评价报告的各个阶段进行检测，把握方向。我们想表达的观点是：教师在调整中使用评价标准从总体上有利于提高课程设计质量，展开课堂教学活动。具体而言，由于标准的制定基于课程的测试构念效度，教师正是通过基于标准的调整来更好地解读和使用标准。通过标准和调整的互动，教师在课堂教学中，尤其是设计任务时，才能更加明确教学目标、任务要求以及对学生完成任务能力的预期。此外，教师在评价学习时需要确定学习能力的构成要素并与其他评价者达成共识，调整就是达到这一目的的主要途径。在调整中，教师应该为自己做出的评判加以解释，包括他们是如何基于标准做出质量评判的。这一观点应该贯彻到教育的各个阶段、各个层面，从低龄教育一直到研究生教育阶段，从地方到国家乃至国际。

章节概述

最后概述本书的各个章节。读者阅读时不必拘泥于章节的顺序。我们鼓励读者根据个人的实践需求来选读相关内容。但是，出于概述的需要，我们还是在这里就本书提出的观点和阐述的主要内容按照章节的顺序一一介绍。

第二章陈述了教师准确理解标准的重要性。21 世纪带来了教育领域的一场变革，人们需要通过标准的使用达到评价的促进学习和评价报告双重目的，加强系统和个人问责。教师因此亟须通过教学实践更新技能和理论知识，重新审视质量构成的重要因素，保证评价和课程的协调一致。本章概述标准的本质和作用，解释教师如何使用标准对学生的学业成绩进行数据分析和解读。此外，本章也探讨关于质量评价的一些具体问题，并提供范例来支撑相关理论。

第三章的主要内容是社会文化视角下教师的评判实践。我们从学习和评价的社会文化角度出发，提供以评判和决策为目的的教师评价范例。社会文化论侧重互动，包括教师默会知识和课程外显知识之间的互动以及学业成绩标准和教学法之间的互动。这一章介绍了以社会文化论为指导的评判的各个环节。关于如何对评判结果进行解释和辩护，如何在评判中淡化个体，我们都援引研究发现和实例做了明确的解释。这一章关注的另一个重要问题是评价的公正性，并介绍了与文化差异和公正原则相关的一些重要概念。我们也根据针对文化的评价研究发现，界定评价效度、评价素养等概念并且展开讨论。

第四章讨论评价与教学的整合，介绍维持可靠的可持续性评价文化的重要理念：如上所述，课程、教学法和贯穿始终的动态评价三者之间需要保持协调一致。在制定课程计划和进行教学活动时，教师需要具备一定的技能来设计出高质量的评价任务用以评价学生的学习。这些任务设计技能包括对任务有效性和难易度的把握，对评价证据效度的考虑，对证据采集方式的斟酌。此外，这一章还介绍了一些教师可以收入囊中的设计决策。

第五章涉及调整的目的，分析调整在问责和提升学习方面的作用：调整是保证高信度（尤其是评分者间一致性信度）和高效度评判的手段之一。这一章界定了调整的概念，描述了调整的各个环节以及标准的作用，并且强调了通过证据和例证的使用来保持评价的一致性、可比性和对接性。本章还具体介绍了不同的调整模式和调整体系。

第六章探讨如何在教学中利用终结性学业成绩标准来推动教学、提升学习。我们介绍了课堂中师生如何就评价这一主题进行对话式的讨论。从本质上来说，这是一种可以巧妙地在课程、教学和评价三者间建立联系的方式。课堂教学早该以质量为重，而我们这里便谈到了质量的中心要素：教师评判和标准，这两者为师生明确教学要求、确定努力方向及最终提升学习提供直接的帮助。教师通过和学生讨论标准，使他们明确学习任务的质量要求，培养他们解读标准、应用标准的能力，最终提高完成任务的质量。

第七章我们关注可持续性评价文化的建立以及系统评价和现场评

价之间的一致性。新形势下，人们希望建立更为理性的问责制度，教师的专业素养和职业精神得到进一步的认可。这一章分析了教师如何使用标准和学业成绩数据，根据各类评价和测试目的，做出更明智的决策。这一章通过课堂教学评价的范例分析来阐明贯穿始终的动态评价的理念及这一专业评价如何达到系统评价的要求，并与其保持一致。此外，这一章还阐述了教师如何在课堂评价实践中引导学生一起参照学业成绩标准做出有理有据的评判，介绍了与终结性评价和形成性评价需求相关的各种关于评判的理论和模式，提供了学生范例，并综述了保障评判公正、严格规范的各种举措。

第八章是对评价的新思考。新的时代信息数字化，学习屏幕化，信息和通信技术带来的剧变对教育工作者在方方面面都提出了新的挑战。有关基础设施的问题极为明显，例如对硬件软件的必要的原始投资，以及日后它们的维护和更新的巨大费用。新兴科学技术的出现改变了学生的学习内容和方式以及教师的评价内容和方式。在这一章中，我们对师生网上学习和评价的新模式表示认可，同时也呼吁我们不能再一味地以传统方式去理解评价或实施评价，我们需要寻找体现质量的新的特质，需要使用新的评价理念。从此我们也就跨入了一个新的评价时代，开始探求多模态网上评价方式的发展空间。

第九章是对全书的总结。我们回顾了本书提到的有关评价素养和问责的各种概念，展望了以面向未来的评价理念开展课堂实践活动的前景。

参考文献

1. Griffin, P., McGaw, B. and Care, E. (eds) (2012) *Assessment and Teaching of 21st Century Skills.* Dordrecht: Springer.

2. O'Neill, O. (2002) *A Question of Trust: The BBC Reith Lectures.* Cambridge: Cambridge University Press.

3. Wyatt-Smith, C. M. and Bridges, S. (2007) 'Evaluation study report', in *Meeting in the Middle— Assessment, Pedagogy, Learning and Educational Disadvantage. Literacy and Numeracy in the Middle Years of Schooling Initiative— Strand A*. Australian Government, Department of Education, Employment and Workplace Relations and Queensland Government. Available at: *http://education.qld.gov.au/literacy/docs/deewr-myp-final-report.pdf*.

Web extra

Daly, A. J. and Finnigan, K. S. (2011) 'The ebb and flow of social network ties between district leaders, under high-stakes accountability', *American Educational Research Journal*, 48 (1): 39 – 79.

第二章
教师为什么需要理解标准

概　　述

本章概述了基于标准的评价的理论基础，以及教师理解标准的作用的重要性。我们阐释了有关标准的重要概念和理念，探讨了标准和课程、问责、学习提高和学习公正之间的关系，举例说明了如何描述标准、颁布标准以及教师如何使用标准来评判学生的学习。

引　　言

教育改革大潮中，为了达到评价对学习的促进及其评估的双重目的，加强系统和个人问责，国际标准的使用日趋频繁。教师也因此亟须拓展知识体系，掌握更为全面的有关教学和评价的新技能、新知识，包括重新审视质量构成的重要因素，以及在基于标准的系统中协调评价和课程之间的关系。评价和课程之间的协调一致是判断学生学习需求的根本，也是“以评促学”的关键。本章概述了教师应该如何拓展知识，在他们已有的认知体系中纳入标准使用的相关知识用以分析和解读学生的学业成绩。本章同时以欧洲各国、澳大利亚和新西兰等国家为例，介绍了基于标准的课程和评价在保证质量和维护公正方面的新举措、新发展。

本章目标

课程和评价改革蕴含了一些非期望的后果。本书呼吁人们对这些非期望后果予以重视并讨论了避免这些后果的方案。教育改革对教育工作者提出了新的要求。例如标准参照性评价体系的建立要求教师和决策者不仅要掌握新的评价体系的理论，拥有评价实践的能力，而且要了解在教育改革中标准的目的和作用。标准的重要性毋庸讳言：整个评价体系不仅包括标准的颁布，而且包括标准的使用，尤其是教师应该如何在评判中使用标准。而这一点在教育问责中尤易被忽略，因为问责聚焦的是教育体系健康状况的标志，即标准本身的变化。我们在本书中坚持这样的观点：无论是系统层面还是地方层面，标准都是提升学习、加强问责的关键所在。

本章阐释与标准相关的一些重要概念和理念，以及它们和课程、问责、学习提升和学习公正之间的关系。课程和评价改革的核心目标是通过合理使用标准、有效利用评价的反馈信息来推动教学、提升学习。本章陈述达到该目标的先决条件，援引研究证据强调标准的重要性：教师在系统报告中对标准的合理使用是有理有据评判的有机组成部分，也是有效可靠的评价实践的体现。

本章主要探讨以下几个问题：

- 标准由谁来制定，如何被操作；
- 制定和使用标准的评价证据；
- 如何测量标准所描述的质量构成要素；
- 标准的制定与使用之间的一致程度，由谁来协调、协调的依据是什么。

首先，我们介绍基于标准的课程和评价全球化运动的起因。

制定标准的理论依据

为了满足公众对问责日益增长的需求，各国政府陆续引进标准以示教育政策的公开和透明，维持公众对学校教育水平的信心。因此摆在教育工作者面前的课题是如何避免随之产生的一些弊端，保障教学的质量和公正。很多文献开始关注各种高风险问责政策带来的非期望后果，包括在教学质量和教学公平等方面的负面效应（Nichols and Berliner, 2005; Stobart, 2008）。我们需要了解国家对标准参照评价体系高风险评价项目的政策方向，从而保护学校和教师不受到这些负面效应的影响。

近年来，学校的问责和评价政策开始以标准参照性测试和评价为主导。例如，德国于 2003 和 2004 年出台了 7 门课程的国家教育标准（Henning, 2004; Köller, 2009）。挪威的全国课程和学业成绩标准正在孕育筹划当中。新西兰实行了国家读写和计算能力标准。而在澳大利亚，首部全国课程和学业成绩标准业已出台实施。

究竟是什么促使了世界各国争相进行评价和课程的改革？分析一下教育政策的变迁，我们不难从中发现答案。21 世纪见证了全球教育政策共同体的诞生（Rizvi and Lingard, 2010），相应产生的是跨国政策代理人和代理机构。政策制定的环境也随之改变，地方、区域、国家乃至国家之间的重新整合使我们开始对国际竞争力以及国际责任和制约等概念刮目相看。

国际竞争力最典型的例子就是国际教育成绩测量项目的开发，例如由经济合作与发展组织（Organization for Economic Cooperation and Development）（OECD）开发的国际学生评价项目以及由国际教育成绩评价协会（International Association for the Evaluation of Educational

Achievement)（IEA）开发的国际数学与科学趋势研究项目等等。这些国际项目对全球范围的课程改革、评价改革和政策制定都起到了举足轻重的作用。以德国为例，经济合作与发展组织 2000 年的一项年度报告《教育一瞥：经济合作与发展组织指标》（*Education at a Glance: OECD Indicators*）中指出"德国教育体系滞后于时代潮流，师生不堪重负，教育改革势在必行"（Deutsche Welle，2003a）。这一呼吁教育改革的报道触动了德国的相关部门，德国教育和文化事务部长常务会议（Standing Conference of Ministers of Education and Cultural Affairs）因此首肯了德国教育体系的重大改革，出台了国家统一课程指南。该指南规定了学生在主要学习阶段结束时应该掌握的知识和能力（Deutsche Welle，2003b）。德国教育和文化事务部长常务会议主席指出：

> ……已经到了各邦间学业水平会有两年之差的地步。我们要制定课程的标准，换言之，我们要详尽地规定学生在校的各个主要阶段结束时应该达到的能力。当然，至于如何达到这些标准，学校有充分的自主权。（Deutsche Welle，2003b）

经济合作与发展组织 2000 年的报告指出：

> 有效的教育政策应该为受教育者提供更高的社会地位和更好的经济前途，为学校提高教学效率和质量提供驱动力，为教育资源的合理分配提供保障，从而满足公众日益增长的教育需求。为了达到上述目标，各国政府愈发重视国际比较政策的分析，因此教育领域内比较数据和指标的采集和报告成为经济合作与发展组织的重要课题。（OECD，2000:5）

随着全球教育政策共同体的出现，经济价值似乎开始主导政策的制定，决策过程中“对市场效率的关注甚而超过了对公正问题的重视”（Rizvi and Lingard，2010:16）。这一政策制定商业化的趋势提醒我们，引用瑞德（Reid，2011:3）的话说就是：“公正的概念和实践必须上升到理论高度，否则政策中所谓的公正难以兑现，最终将流于一纸空谈。”

以上述国际形势为契机，政策开始升值。借用经济学的术语，教育是人力资源的生产，这种对教育产业化的理解已演变上升成了一种备受关注的政策，激励人们通过教育保证国家经济的国际竞争力。正是因为国际教育政策公共体的出现，诸如经济合作与发展组织这样的跨国政策代理机构才能得以左右国家教育政策的制定和实施。

我们的观点是：明确陈述的标准能够指导系统层面的专业评判。这不仅仅有助于课程计划的实现和高质量评价任务的设计，而且有助于理解标准参照性评价体系中课程和评价之间的关系。学生在参与评价时同样也需要使用标准，并且通过自评和互评实践更好地理解标准。在以标准参照为中心的课程和评价改革中，学生的参与体现了评价政策对公正的重视，因为这强调了学业成绩是属于全体学生的，教师应该以全体学生的学习提升为出发点开展教学活动。

何谓标准？

标准的涵义因标准的使用背景、使用目的（目标）以及使用功能（作用）的不同而不同。虽然“标准”一词全球通用，但是，由于历史文化背景来源各异，标准被赋予了不同的意义。不同的国家，甚至同一国家内不同的地区对标准的理解也各有千秋（Goldstein and Heath，2000）。因此标准的概念难以描述。例如不同的公文中，比较评价时由于标准的涵义不同，得出的结论亦会产生偏差，给人造成困惑。

本书中我们关注质量评判中明确陈述的标准。在教育领域内，标准通常理解为“评价学生个体（和群体）的固定参照点”（Sadler, 1987: 191）。我们认为标准在系统范围内为评价的一致性提供了保障。本质而言，评价只是一种个体实践行为：无论评判的理据还是评判产生的后果都仅限于个体。只有当标准有了明确的界定并且应用于标准参照性评价实践时，它才能成为质量的公开指标或特征，评价才能做到真正的有理有据。此时，标准才能真正发挥其功效，在校园内培养浓郁的评价文化，并且在课堂评价中最大限度地为学生以及更广义的学习团体服务。“评价”在这里广义地指由教师以形成性评价或终结性评价为目的的、对学生的作业或行为表现做出的任何决定或判断。“标准参照性评价”重视构成质量的各种特征和要素。它把学生的学业成绩与一整套具体的指标、分数或等级直接挂钩。它要求教师运用专业知识来做出质量判断，或给出等级评定。成绩报告形式可以用数字或者字母来表示，评定等级或给出百分比。在标准参照性评价体系中，“水平”（criterion）和“标准”（standard）两个重要概念有着根本的区别：

- “水平”指事物的典型特质或特征，可以作为评判或推断质量、决策或分类的依据。（该词来源于希腊词 *kriterion*，意指“评判的方法”）
- “标准”指优秀或所获成就的水平，或衡量事物质量的基准。它是事先规定的目标或者需要努力达到的目标。标准可以通过权威机构制定，也可以是约定俗成或协商一致的结果。（该词来源于罗马词 *estendre*，意指“延生，伸展”）（Sadler, 1987: 194）

标准间的区别可以体现在以下几个维度：

- 标准的类型；
- 标准所适用的对象，即某一评判标准所适用的事物或事件；

- 标准的基本特质或构念；
- 标准的目的。（Maxwell, 2009:264）

标准的类型包括：

- 道德伦理标准（应该做什么）；
- 法律法规标准（必须做什么）；
- 目标衡量标准（预期的表现行为）；
- 质量仲裁标准（成功或优秀的基准）；
- 里程碑式标准（进步或提高的目标）。（Maxwell, 2001）

上述标准中的最后两类尤为关键，因为它们代表了“不同等级的学习、表现或者成绩”（Maxwell, 2009:265）。“质量”和“进步”是教师在评价学生的学习成果时使用的两种不同的构念。马克斯韦尔（Maxwell）（2009）指出标准之间的不同很大程度上取决于提供参照的时间跨度的不同。例如，对于用于标示成功或品质的“奖励标准”，其参照时间是任务、课程或提高完成的那一刻。而“发展标准”评价的是阶段性的提高和进步，它的参照时间是提高和进步的时间段。

学习内容标准和学业成绩标准的区别在于标准所关注对象的不同。学习内容标准适用于学校和系统，关注的是所教学的知识和/或教学的过程。马克斯韦尔（2009）强调说，学习内容标准有助于学校以当地的教学环境为出发点制定课程。学业成绩标准或学习行为表现标准适用于学生的作业或考试及其本身的要求和特点。学业成绩标准规定了学生应该掌握的知识和技能，学生作业或考试的质量就是学业成绩的表现。教师在评判学生作业时倾向于参照学业成绩标准。从理论上说，教师在备课时，尤其在设计以评价为目的任务时，应该从一开始就以学业成绩标准为导向，从而将评价任务的设计融为学习和教学的有机组成部分，并且与整个学业标准直接挂钩。为了达到评价任务与学业标准的一致，教师应该领会评价任务的要求与标准参照的评价证据之间的关系。换言之，教师在对评价任务进行分门别类时应该以标准为参照，在采集评价证据时应该以特定的任务或者某一阶段的学习档案为参照。学习档案用于教师在特定学习阶段完成时评判学生的学习质量。从这一终结性评价目的出发，学习档案收集的应该只是作业或试卷的样本，即仅限于学生具有代表性的作业或试卷和学习行为表现，为教师给予最终的成绩提供证据。诚然，学业成绩标准也可以为形成性评价服务，帮助学生了解自己的学习状况，包括学习强项和弱点。但是，它主要还是用于终结性评价，用于衡量学生的学业成绩或学习行为表现。

在标准驱动的问责制中，人们需要认识到对标准的不同描述可能导致非期望的后果，这一点对学生个体的影响尤为明显。非期望后果的产生对系统本身以及实施评价的教师都敲响了警钟：是时候反思评价方法、成绩报告形式、政策制定和实施等各个环节，找出症结，然后对症下药了。例如，包括德国在内的一些国家已经开始引进标准以保障不同层次学业成绩评价的一致性和可比性。如何评价学生学习结果因评价对象而异，即需要考虑评价是对学生个体的评价还是对整个系统的评价。在新西兰，评价和检测教育体系也不再采用（某一年级或某一级别学生的）“全体法”，而是改为“抽样法”。

“抽样法”在新西兰是通过国家教育检测项目（见 National Education Monitoring Project，*http://nemp.otago.ac.nz/*）实施的。该项目采用多种评价方式，包括一对一评价、小组评价、纸笔考试、模拟真实场景的四人小组行为表现测评考试等。评价方式的多样化为实现评价的公正提供了保障。

如何描述标准?

在学业成绩评价中，明确界定的标准需要通过准确的文字清晰地表达出对价值和质量的预期要求。本质而言，社会大众所接受的标准具有一定的时效性，它会随着时间的推移而产生变化，所以标准的构建具有社会性和历史性。标准形成的方式不仅影响到标准的描述方式，也影响到评判的方法。对标准的描述方式能够反映出该标准对学习行为表现的质量和水平的预期要求。

标准需要通过评判实践逐渐获得接受，变得清晰。实际上，标准就是在评判过程中一步一步地被社会所接纳的。关于标准所规定的特征或质量是否必须不折不扣地在政策和评判实践中体现出来，一直存在着争议。争议的一方坚持认为标准必须严格执行，唯有标准中列出的特质才值得成为评判依据。从这一观点出发，评价者只是一名机械执行标准指令的忠实技术人员，而评判则是一种规范化的预先规定的行为。一些人甚而强调评判必须规范化，这是保证评价质量的举措，是维持公众信心的保障。而争议的另一方则认为，完全以标准中列出的质量构成要素作为唯一的评判依据进行评价，从本质上说，是评价者故步自封的行为，是对标准的狭隘理解和机械使用。他们指出，做出决策的首先是人的头脑（而不是所描述的标准本身），因此，评价者应该预期各种“意外”，当被评价者完成的任务中出现标准尚未预期的特征时，评价者做出他们自己的评判是完全合乎情理的。

另一个备受争议的问题是关于标准的来源，即标准制定的依据是什么。比如，标准是通过实证制定出来并且经受了时间的检验呢，还是通过专家或权威根据他们丰富的经验以及当时的期望制定出来的呢?

正如塞德勒（Sadler）（1987）所强调的，一系列学业成绩标准的主要功能是对学生的学习质量和学习行为表现做出评判，该评判所参照的是明确陈述的标准而非其他学生的成绩。换句话说，在标准参照性评价体系中，学业成绩的参照点是标准本身。对学生的学习质量和行为表现的评判是通过对照事先制定的标准而得出的。因此，标准参照性评判并不取决于某一位学生的成绩与其他学生的成绩的比较。诚然，这并不意味着与其他学生的比较和参照在质量评判实践中毫无意义。我们在此强调的是：明确界定的标准在标准参照性评价实践中是首要的参照点。因而以标准为参照的评价中，分数的分布反映了标准本身的质量以及学生的作业与标准的距离。标准参照性评价与常模参照性评价截然不同，后者的评价决策通常是参照某一个等级或分数的划界分。但是，我们还是可以使用标准参照性评价对学生进行分班和分级，虽然这不是它的主要目标。

标准的来源应该可行、可取。理论上说，标准是“以实地经验而非理论或推理为基础的”（Sadler, 1987:196）；换言之，标准是通过实证产生的，与学生的学业以及学习行为表现有直接的关联。当标准通过实证产生，就意味着标准在该领域可行。将标准视为一个稳定不变的参照点是标准参照性评价系统的特征。因此，随着时间的推移，我们可以通过固定标准的变化来评价解析某一现象发生的变化。一整套的标准为教师对学生学业的评分、定级提供了必要的框架体系。标准参照性评价体系的特征就是强调标准是任何分数或等级的固定不变的参照点。

在标准参照的课程改革中，标准的描述对教师的评价实践具有重要的意义。在专业评判中，无论标准制定的背景或目标如何，教师都需要解读标准的描述语。在标准参照性评价体系中，教师定性判断的可靠性必须基于下面两点：首先，标准应该以合适的形式制定和颁布。这与标准的描述相关；其次，教师不仅需要有理论概念的支持，而且需要经过实践的培训（Sadler, 1987）。上述两点让我们了解到标准作为人类文化的产品与作为评判依据这两个不同维度之间的关联。本章的下面部分就第一个条件，即以合适的形式制定和颁布标准，展开讨论。

附有注解的样本或实例是描述标准的方法之一。精心遴选的附有注解的评价样本能够提供具体实用的例子来阐明标准中质量构成的要素。这种标准的描述与实例注解并用的方法的确切实有效，但是如果辅以总体评语，能使该方法锦上添花。总体评语应该明确陈述评价者是如何解读标准并且运用标准给出评判的。更重要的是，这样的总体评语有助于我们理解评价者是如何剖析、权衡以及协调标准中的各个质量构成要素，并将它们应用于评判的，从而最终体会到标准参照性评价实践的复杂性，而这就是所谓的认知评语。因此，将对标准的文字描述、附上注解的评价样本以及总体评语三者相结合，对教师的评判实践大有裨益。

对标准中各个要素加以分析、解读、传达，有利于教学。从这一点看，标准具有管理功能。举例说明，如果教师给学生的反馈是基于标准中描述的具体特征的，那么这一类反馈就是标准参照性反馈。此外，如果教师指导学生进行以标准为参照的自评和互评活动，学生就可以对照标准的要求来评价他们自己的学习状况。因此，标准能够帮助学生明确教学要求，并在学习和完成任务的过程中，以此为目标付诸行动（Sadler，1987）。对教师而言，标准参照性评价可以帮助他们调整教学方法。例如，他们可以为学生创造机会参与评价，使他们能够了解标准并且自我检测学习任务完成的质量。事实上，在提升学习的过程中，教师和学生之间应该是合作伙伴的关系，尤其是通过对使用标准的讨论和共同理解，他们得以增加评价阅历，提高评价能力。

标准的颁布

值得强调的一点是：对标准的理解因标准的背景、使用目的的不同而不同，因此标准描述和标准模式需要根据具体的背景和使用目的而分别进行界定和理解。标准的颁布方法包括：数值界分、默会知识、范例和文字描述语（Sadler，1987）。

高质量的评价需要兼顾信度和效度，因此教师作为评价者需要对预先规定的标准达成统一的理解，并且对如何把握标准的细则并将其应用到评价实践中达成共识（Maxwell,2001:6）。但是，如果仅仅用文字描述标准并不能保证标准能清晰有效地传达其本质以及对质量的具体要求。例如，塞德勒（1987）指出，学生作业或试卷的范本对解读标准提供了具体的参照，而标准的描述语只能提供默会知识。他认为明确陈述的标准应该和范例结合起来才能说明什么样的作业或试卷达到了什么样的标准，哪些作业达到了优秀（A），哪些是中等（C）。用描述语表达的标准需要有定性的评判。范例不但有助于教师的评判实践，而且也是调整的有机组成部分。这样，标准才能解读，共识才能达成，标准才能经受时间的考验并且随着时间的推移逐渐完善。

标准的目标是什么？

标准的目标很多，其中包括：明确对学生在知识掌握、理解能力和技能运用等方面的要求；作为教师与学生及其家长交流该生学习情况的工具（包括指出学生已有的进步以及今后努力的方向等）；根据学生的学习进展现状发现哪些学生可能最终无法达到预期的要求。诸如上述标准的各种目标可以归为以下几大类：

- 为学生的学习树立目标；
- 显示进步；
- 促进学业成绩评价或发展评价的一致性和可比性；
- 设定获取证书需要达到的要求线；
- 为学生的考试成绩提供解读和参照；

• 为监控系统定基准；

• 提供学校和系统问责。（Maxwell,2009:269）

目标的多元性反映了标准是如何支持学习的：标准可以明确教学内容（内容标准），可以设立进步等级来评价进步（发展标准），也可以设定学生每年应该达到的级别（预期标准）（Maxwell, 2009: 280）。

无论上述哪种目标，标准都是作为评判学生学业成绩的准绳供评价者使用的。评价的结果不仅可以用于反映教学过程，也能监控和报告学生的学习进步。因此教师评判在评价中的作用和信度才是评价的根本。其他与信度、效度以及评判可靠性相关的问题我们会在本书第五章展开更为详细的讨论。

以促学为目的的标准

标准能描述学生的学业成绩。这些有关标准的描述语能够协助教师更好地了解自己的课堂教学情况，从而提高教学质量（Sadler,2005; Klenowski,2006,2007）。通过标准的描述，我们可以明确各个等级需要达到的水平，了解与学生作业质量相关的各种信息。标准还可以用于评价学生的学习过程，帮助教师发现他们在教学、课程的设计和进度等方面存在的问题，找到改善的空间。同时，标准使教师明确了解对每个特定的年龄段的学生的教学内容以及要求，从而接受公共问责对地方教师的专业水平提出的要求（Wilson,2004;Harlen,2005）。

标准支持学习的提升。标准列出不同等级的水平并且用非数字形式说明学生学习任务中特定的构念（即学生学习的概念和技能等各种维度）或者基本的范围。教师需要通过专业评判来评价学生的学习过程或学习行为表现。在澳大利亚昆士兰州，高中教师执行的是经校外调整的校本评价体系，他们使用标准已达 40 年之久。在 12 年级结束时颁发的昆士兰教育证书中，学业成绩等级报告就是基于教师的专业评判。虽然教师是参照标准所定的框架体系来描述学生对大纲要求的完成情况的，但我们并不能从中得知教师是如何解读标准的。教师对标准的解读是在外部调整环节中通过协商达成统一后公布于众的。

昆士兰教育研究会认为预先规定的标准能够保证：

> • 教师和学生了解各学习阶段应该达到的学业成绩水平，这样他们可以为取得最佳学习成果共同努力；
> • 学校之间的可比性；
> • 报告学生成绩时教师与家长或监护人之间的良好沟通。(*www.qsa.qld.edu.au*)

昆士兰教学大纲为教学内容和评价内容确立了总体目标。这些目标可以根据不同学科的重点从不同的维度加以细分。每一个维度都设定了标准，用等级 A～E 表示。教师使用各个等级的标准通过不同的评价方式在课程结束时给出总评。高中的某一门课程结业，教师就授予学生该课程下面 5 个学业成绩等级中的某一级：

特等（VHA）
优等（HA）
达标（SA）
较低（LA）
非常低（VLA）

每一个等级明示了该水平所要求的成绩。同样的，标准也为符合要求的学生作了定位。在此评价体系中，教师所设计的评价任务需要和标准对应起来，并且在学生开始做评价任务之前就向学生说明评价任务与标准之间的关系，以及对期中和期末成绩报告的影响。这些说明包括具体的评分细则以及相关的标准。

另一个通过使用标准来提升学习的例子是昆士兰比较评价任务（the Queensland Comparable Assessment Tasks）（QCATs）。其中设计的评价任务：

> 具有真实性，并且以行为表现测评为基础。4 年级、6 年级和 9 年级的学生需要通过这些任务的完成来展示他们在英语、数学和科学等基础学科中的所知、所明及所能。（*www. qsa. qld. edu. au*）

昆士兰比较评价任务中使用的标准是基础学科的学业成绩标准。在这个标准中，评分采用 5 分制，教师通过所采集的一系列评价证据来描述学生的学习质量。这个标准也可以用于报告学生的学业进步和学习成就。（见 *www. qsa. qld. edu. au*）

昆士兰标准也用于促进教师的专业学习，着眼于以促学为目的的评价实践以及对学生学业质量的系统参照性评判。昆士兰标准的另一个目的是：期望通过使用标准，教师可以给出有意义的评价报告，同时将评价实践视为自身专业学习的过程。

下面我们通过两个 6 年级英语课程的评价实例来介绍描述标准的方式方法（分别见图 2. 1 和 2. 2；QSA，2007 和 2009）。两种方法使用的组织结构不同，描述标准时采用的描述语（术语）也各异，但是它们都能清晰地反映出评判过程和评判调整过程。例 1 总体评分采用等级制，分为 A 到 E 共 5 个等级；每一个等级中有 5 项评价要素或评分细则，并且各个等级提供了分项说明以及与任务相关的具体描述。该等级表的一个显著特征是，评分细则与评价任务中设计的问题一一对应。例如：评分细则“表述个人观点：我最喜欢的小说人物的魅力”

所对应的是问题 1（Q1）和问题 2（Q2）。这说明例 1 的原则是在 A 到 E 等级表上针对每一个评价要素设计出相应的评价任务和问题。这也意味着教师在使用这一标准描述等级表时需要对表中的每一格都做上记录。因此，这张表上直观地反映出学生学业成绩的各个侧面。但是该等级表的缺陷是未能明确说明教师在对质量做出综合评判（水平）时如何平衡学生的强项和弱项、如何综合分项分数（标准）。因此这一类标准描述倾向于以分析法进行评判，认为分项之和就是（或者应该是）总分。

评分细则——6 年级英语课

学生 ____________________

总分　A　B　C　D　E　N

	评价要素	具体任务描述				
		A	B	C	D	E
维度——认知和理解；完成任务的方法	表述个人观点：我最喜欢的小说人物的魅力。*Q1*，*Q2*	使用深刻、恰切、简洁、直接的语言来解释该小说人物的魅力。	使用恰切和全面的语言来解释该小说人物的魅力。	对该人物魅力的认识和（或）基本描述。	对该人物或其魅力的基本陈述。	对该人物或人物魅力的陈述互相矛盾。
	为我最喜欢的小说人物不受欢迎的某个（或几个）行为进行辩护。*Q3*	通过对该人物重要的不受欢迎行为的详细描述做出符合逻辑的、富有理据的、恰如其分的辩护。	通过对该人物大部分的不受欢迎行为的描述做出恰切的、有条理的辩护。	描述或陈述该人物一些基本的或者明显的不受欢迎行为。	对该人物的描述过于简单。	对该人物的描述互相矛盾。

续　表

评价要素		具体任务描述				
		A	B	C	D	E
维度——认知和理解；完成任务的方法	根据特定的观众和媒介来描述某个人物。*Q4*	所做描述非常符合观众和媒介的特点。 使用各种生动、高效和富有创意的描述语、名词和动词短语。	所做描述符合观众和媒介的特点。 使用的描述语、名词和动词短语基本正确。	所做描述大致符合观众和媒介的特点。 使用的描述语、名词和动词短语有时候正确。	主要使用动词来解释人物行为。	通过对人物基本特征的陈述来进行描述。
	使用合适的结构和文本材料来进行描述。*Q4*，*Q5*	标点符号的使用正确有效，单词拼写的变化规则运用自如。 通过分段、结构变化、句子长度变化来达到良好的效果。	有效使用标点符号，正确运用多音节单词拼写规则。 分段和描述结构合适。通过句子结构和长度的一些变化来达到某些效果。	使用一些标点符号。运用一些多音节单词拼写规则。 使用的句子过于简单，分段和结构偶有错误。	仅仅使用最基本的标点符号，只能拼写出发音与拼写相对应的单词，不关注单词的意义与拼写的关系。 分段不正确。句子偏短、过于简单、结构重复。	标点符号和拼写知识有限，不了解单词的意义与拼写的关系。 句子结构支离破碎，结构和分段混乱。难以理解。
	对新塑造的人物魅力进行批判性思考。*Q5*	对该人物的魅力或者行为有深刻的理解：支持性证据恰切。	对该人物的魅力或者行为有较好的理解：提供支持性证据。	对人物的魅力或者行为有基本的理解：证据过于笼统或者过于简单。	对人物的魅力或者行为的认识：仅有一句陈述支持论点。	对人物的魅力或者行为的认识互相矛盾。

图 2.1　6 年级英语课——网格例 1

来源：昆士兰教育研究会，2007

在例 2（图 2.2）中，对任务的总体评分同样分为 A 到 E 5 个等级，共有 3 项评价要素或者评分细则（水平），每项都附有明确的说明。例如，关于“知识和理解”这一要素的说明为“使用语言和结构特征（包括词汇、语法、标点符号、拼写、句子和段落结构）描述学生最喜欢的地方”。这些特征会被标识在从 A 指向 E（用阴影箭头表示）的连

评分细则——6 年级英语课 学生 ＿＿＿＿＿＿

目的：展示根据不同的目的和观众来组织文本的能力

知识和理解	组织文本	组织文本	
使用语言和结构特征（包括词汇、语法、标点符号、拼写、句子和段落结构）描述学生最喜欢的地方。 *Q1*	文本中使用资料和描述性语言吸引游客参观该学生最喜欢的地方。 *Q2*	选择相关资料并且进行时间安排，做出行程，给出理由说明为什么那是最有趣的地方。 *Q2，3*	
◀连贯统一的、能唤起读者共鸣的描述。句子结构得当、有变化、有效果。	◀使用详细的、能唤起读者共鸣的描述性语言来细腻深刻地说明这个地方为什么对该学生有特殊意义。	◀行程深思熟虑，内容和时间安排合理。对该地方的参观说明成熟、适合游客。	A
◀使用各种形容词、动词和富有感染力的语言塑造形象。语法、标点符号和拼写得当、有效。	◀有说服力的、吸引人的描述。	◀行程详细。对该地方的参观说明合适。	B
◀使用合适的语言对最喜欢的地方进行总体描述，句子结构大致得当。	◀该学生对这个地方的描述和情感具有可信度。	◀行程中选择的活动和地点合适、可信。给出了参观该地方的一个理由。	C
◀使用的词汇简单。语法、标点符号和拼写有时候不能够正确表达意思、难以理解。	◀表达的想法肤浅、重复。长度可能不合适。主要是描述事件。	◀关于地点和活动的资料有限。几乎没有说明。	D
◀使用的语言阻碍意思的表达、难以理解。	◀简单罗列这个地方的名字、地点和特征。	◀选择的活动和地点重复、狭隘或不合适。	E

反馈＿＿＿＿＿＿＿＿＿＿＿＿＿＿＿＿＿＿＿＿＿＿＿＿＿＿＿＿＿＿＿＿

图 2.2　6 年级英语课——连续体例 2

来源：昆士兰教育研究会，2009

续体上。这个连续体体现出对认知要求的逐步提高。教师使用例 2 结构表时应该针对 3 项评价要素，在各个连续体的相应位置做出记号，

记录学生的考试表现，然后根据综合连续体上的记录给出总体评分。刚才指出，例 1（图 2.1）没有对如何平衡、综合分项分数做出明确的说明，但是例 1 的标准描述本身是开放型的，具有诠释性，倾向于全面的评判。而在例 2 中，总分并非是分项分的简单总和。纵观例 2 的整个评判过程，教师做出的评判事实上是基于学生考试中不断出现的质量特征，换言之，教师是根据标准中未做详细说明的特征做出评判的。

上述两例（图 2.1 和 2.2）评价描述表均选自澳大利亚教学课程：英语（之前称为昆士兰基础学科）。昆士兰教育研究会也提供了类似的资源来支持澳大利亚教学课程的学业成绩标准。该机构提供的范例称作标准阐述（Standards Elaborations），使用的是任务相关的具体描述，而不是评分标准。它们与澳大利亚教学课程提供的范例事实上有着异曲同工的作用，只不过后者的参照点是澳大利亚教学课程的学业成绩评价标准。昆士兰教育研究会的网站上公布了这些标准阐述（*www.qsa.qld.edu.au*）。

以问责为目的的标准

系统、学校和教师使用标准来接受国际组织、公众和家长的问责。由于国内和国际的学业成绩的比较直接关系到国家的经济增长和国际竞争力的加强，各国政府对教育水平的担忧渐长。与此同时，由于各种学习资格证书越来越影响到个人的成功和人生命运，不仅是国家，个人（尤其是家长）对教育水平的担忧也日益增长。在这种竞争激烈的教育政策环境下，评价证据的本质和范围为人们了解标准的制定和相关测试及效度验证过程奠定了基础。与此相关的还有以标准为参照的学生学业成绩报告的证据。有可能出现这样的情况：一些深得民心，又受到政策保障的标准实际上已经脱离了实际证据，而实际证据才真正能使标准获得意义。

以教育问责为目的的测试在澳大利亚学校教育政策中备受重视。澳大利亚实施了全国读写和计算能力考评评价项目（the National Assessment Program—Literacy and Numeracy）（NAPLAN），并于2010年在MySchool网站上公开报道了测试结果（见 *www.myschool.edu.au*）。自2008年起，全国范围内3年级、5年级、7年级和9年级的学生都要参加读写和计算能力考评，考评时间为每年5月份的整个第2个星期。读写和计算能力考评的范围包括阅读、写作、文法（拼写、语法和标点符号）以及算术（*www.nap.edu.au*）。

读写和计算能力考评的成绩在考评成绩量表上进行报道，个人获得的成绩是与事先制定的标准对照后得出的。考评成绩量表将学生在校学习的进步程度与学业成绩对应起来。共有5个成绩量表：阅读、写作和算术各1个，文法两个（拼写1个，语法和标点符号1个）。每个评价量表的跨度为3年级到9年级的各个学年，共分10级（Australian Curriculum Assessment and Reporting Authority，2009）。对于量表上成绩的解读是恒定的，不随时间的变化而变化。比如，2012年的阅读700分与2010年的阅读700分具有相同的涵义。这个跨度为3年级、5年级、7年级和9年级的共同量表监控和报道每个学生在不同学年的读写能力和算术水平、进步趋势以及在全国范围内的相对水平。学生的总体学业水平也可以得到监控，不仅高分考生群体的学业成绩可以测量，尚未达到国家最低标准的考生群体也同时受到关注。

在每个学科领域中，由全国读写和计算能力考评评价项目评估的考评成绩量表被划分为10个等级，用来衡量学生的学业成绩，这些等级体现出该测试对技能要求的逐步提高。这些等级中的6个用来报告学生在每个年级的表现。3年级的成绩报告为1到6级，5年级的成绩报告是3到8级，7年级为4到9级，9年级为5到10级。针对每个年级，评价量表上规定了全国统一的最低标准。3年级的学生需要到达2

级这一最低标准；5 年级学生的最低标准为 4 级；7 年级的最低标准为 5 级，9 年级的最低标准为 6 级（见 *www.nap.edu.au*）。

读写和计算能力考评标准被用于教育问责，并被视为整个系统层面监控的基准。这些标准体现了对学生技能要求的逐步提高，这也体现在成绩量表上分数的逐步提高（见 *www.nap.edu.au/results-and-reports/how-to-interpret/how-to-interpret.html* ）。读写和计算能力考评分数、各年级的最低标准和公共量表见图 2.3。

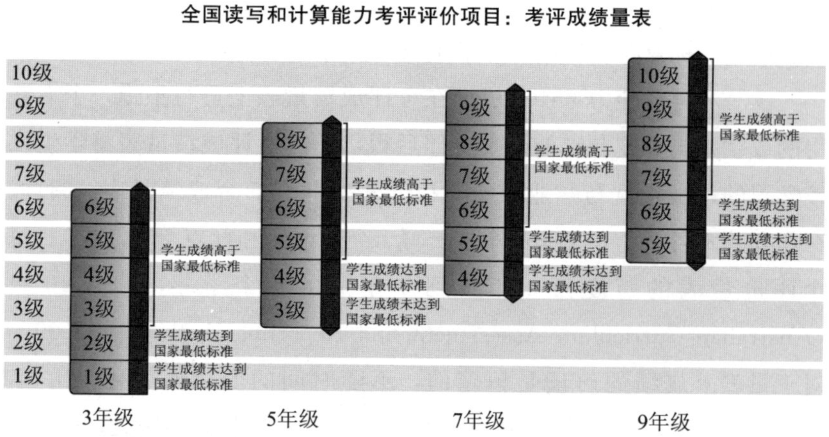

图 2.3 全国读写和计算能力考评评价项目：考评成绩量表

来源：*http://www.nap.edu.au/results-and-reports/how-to-interpret/how-to-interpret.html*；© Australian Curriculum，Assessment and Reporting Authority 2011

读写和计算能力考评结果包括每个学生个体的成绩报告，通过各州或各领地通知所有学生以及他们的家长或监护人。同时在全国范围内，每年 9 月份会有考评结果的总结性报告，之后会有考评结果的全面报告。公布考评结果的初衷是向公众提供学生在读写和计算能力方面的信息，推动教学，提升学习，使学校和系统以全国最低标准为准绳，同时参照其他各州和各领地的学生成绩，来衡量本校和本系统学生的学业成绩（见 *www.nap.edu.au/results-and-reports/how-to-*

interpret/how-to-interpret.html）。

但考评结果的公之于世却带来了一系列的非期望的后果。2010年，MySchool 网站公布了考评成绩，印证了读写和计算能力考评的高风险本质（*www.myschool.edu.au*）。澳大利亚政府一如既往地报道了家长对 MySchool 网站的高度支持，认为这一网站是家长了解整个学校读写和计算能力考评成绩水平的有效途径，支持了教育问责的透明公开。不可否认，通过读写和计算能力考评结果的公开报道，家长获得了关于学校质量的一些信息。但是，事与愿违，考评结果本身却就此沦为了评判学校乃至整个教育系统质量以及地位的评价工具。

因此，伴随高风险而来的非期望的后果使该问责标准成为最大的争议焦点。尤其是当考评成绩本身所附带的各种回报和利益与以标准为参照的学习提升息息相关时，争议愈演愈烈。争端往往在于不仅政策规定的目标不切实际，而且在政策实施之初又未对可能产生的各种后果有充分的预期。

以高风险问责为目的的标准：非期望的后果

美国（Darling-Hammond, 2010）、英国（Stobart, 2008）和新加坡（Kramer-Dahl, 2008）等国家已经发现了教育问责的一些非期望后果，并开始了相关的研究。在这样的高风险、高问责背景下，测试的特性使其结果显得极为狭隘，扭曲了教学和学习的本质。必须指出，并非所有的教育系统都将高风险测试的结果排名公布，包括新西兰、苏格兰、威尔士和爱尔兰共和国等就未在公布测评结果之列。

英国和美国使用一系列简单狭隘的指标来确认目标，造成的结果是：考试结果的量化指标成为了衡量学校绩效的外部标准。这样的衡量标准扭曲了以促学为目的的评价的本质。由于目标成绩或实际成绩的提高都与利益直接相关，以至于获得高分超越了学习本身，而成为测评的首要目的。这对学习本身极为不利：作弊、以不正当手段选课，或者专门选修容易拿到学分的课程等等，各种现象初露端倪。分数开始通胀，尤其在高风险测评中，分数的大幅度增长尤为明显。然而这样的增长与低风险测评的结果极不相称。这就意味着高风险测评分数的提高很大程度上归因于应试技巧的日益娴熟，而并非源于对课程知识的进一步掌握。(Stobart, 2005: 176)。

2002 年，美国通过了不让一个孩子掉队（No Child Left Behind Act）(NCLB) 的法案，要求公立学校定期汇报全体学生向高标准迈进的进程。这一法案的目标是：所有学区、所有州的学生，不论身属哪一类群体（不同的种族和少数民族、不同的性别、母语非英语、学习困难或者来自低收入家庭等），到了 2014 年，都要获得年度进步（Adequate Yearly Progress）(AYP)（译者注：美国教育进展评估项目）成绩（Stobart, 2005: 119－120）。这些成绩标志着学生是否熟练掌握了考试科目的内容。这一法案伴随的压力造成了很多非期望的后果。例如，教师迫于压力而不得不通过作弊来保证考试分数的提高。埃姆雷-比尔兹利（Amrein-Beardsley）等人（2010）研究了这一现象。他们的研究对象是在 NCLB 法案这一高风险测试政策的高压下有作弊意图或者已经参与作弊的教师。他们依据法律领域内的犯罪定义对作弊方式和程度进行了分类，发现教师的作弊可定为一级、二级和三级犯罪。埃姆雷-比尔兹利等人（2010: 27）得出结论：

> 如果教育政策明显地降低了美国教师的道德和职业行为准则，这项政策的实施与否就需要展开全面的讨论。当确认政策的实施对国家教育弊大于利时，政策的实施应该受到质疑。如果政策本身导致作弊的增加，甚而成为教师作弊的冠冕堂皇的理由（迫于政策环境的压力才出此下策），那么这样的政策无益于任何人或事。问责制的设计制定应该另寻高见。

美国 NCLB 法案这一范例说明：标准的提高对教师产生了巨大的压力，破坏了课程的完整性，甚至减少了学生学习的真实性和挑战性（Marsh，2009）。由于担心学校蒙受损失甚至关闭，教师开始尝试各种对策应付考试来提高学生成绩，比如向学生提供考试答案，轻视对本土语言文化的教学等等（McCarty，2009）。

当分数成为学校绩效评价的重中之重，未达标者甚至受到惩罚，此时，高风险测试对教学和学习质量带来的负面效应就暴露无遗了。澳大利亚小学校长协会（the Australian Primary Principals Association）（APPA，2010）总结了高风险测试带来的包括以下内容的非期望后果：

- 教学课程缩水：教师只教授需要测评的课程；
- 在设置课程时轻视没有测评要求的课程；
- 忽视高层次思维技能的培养，因为纸笔考试难以对综合思考分析能力进行测评；
- 投入大量的时间进行应试辅导；
- 为了提高测评成绩，学校参与到应试教育中去；
- 对教师不利，包括公众对教师的地位、专业知识和职业精神的负面看法；
- 商业利益驱动的测试产业的增长。

在澳大利亚，其他的负面效应还包括领导层受到的压力：成绩上不去，他们可能就保不住饭碗，因此成绩优秀的学生容易受到更多的关注，而最需要受到关注或帮助的学生却因为成绩不佳往往被忽视；没有质量保证的商业测试开始初试锋芒；考试当天缺考学生人数增加；考试作弊现象增多。

为了保护学校免受这些非期望后果的影响，并且保证国家透明公正的教育问责对小学教学发挥良好的反拨作用，澳大利亚小学校长协会制定了读写和计算能力考评成绩报告和使用指导方针（2010：2），其中包括：采用多种指标，通过“可靠的、公平的评判”来衡量学校和系统的绩效：可靠的评价证据不应该仅仅局限于学业成绩，还应该包括学校对学生社会情感的培养。有关人士提出学校有责任承担合理的评价体系的开发，而不能任由澳大利亚政府制定更多量化的指标。

本章小结

本章讨论了教师了解标准的重要性，以及标准与课程、教育问责、学习提升和学习公正等方面的关系。我们概述了标准使用的国际趋势，解释了标准的出现与政策的制定和教师评价实践之间的关系。

我们界定了标准的概念，探讨了标准的种类，强调了了解标准描述和颁布的重要性。我们呼吁大家重视明确陈述的标准对质量评判的重要影响，还介绍了各种可以提升学习、加强教育问责的标准使用方法。此外，我们通过实例总结了教育系统在努力达到标准提高的要求的同时，如何在课程、教学和学习方面可能产生负面效应，导致非期望后果的出现。

思考题

1. 是什么驱使一些教育体系采用学业成绩标准或学习行为表现标准等标准参照性评价？

2. 为什么标准是教师评价实践的关键？

3. 为什么教师需要了解标准？应该如何描述标准？

4. 教师在实施评判时应该如何使用明确界定的标准？

5. 当教育体系将标准与高风险问责挂钩，会产生哪些非期望的后果？

参考文献

1. Amrein-Beardsley, A., Berliner, D. and Rideau, S. (2010) 'Breaking professional law: Degrees of cheating on high stakes tests', *Education Policy Analysis Archives*, 18(14): 2-33.

2. Australian Curriculum Assessment and Reporting Authority (2009) *NAPLAN National Assessment Scale*. Available at: *www.nap.edu.au/results-and-reports/how-to-interpret/how-to-interpret.html*.

3. Australian Primary Principals Association (APPA) (2010) *The Reporting and Use of NAPLAN*. APPA: Kathleen, Australian Capital Territory (see *www.appa.asn.au*).

4. Darling-Hammond, L. (2010) *The Flat World and Education: How America's Commitment to Equity will Determine Our Future*. New York: Teachers' College.

5. Deutsche Welle (2003a) *Report lambastes German school*. Available at: *www.dw.de/dw/article/0,,993336,00.html*.

6. Deutsche Welle (2003b) *Germany to introduce federal school standards*. Available at: *www.dw.de/dw/article/0,,1050915,00.html*.

7. Goldstein, H. and Heath, A. (eds) (2000) 'Educational standards', *Proceedings of the British Academy 102*. Oxford: Oxford University Press.

8. Harlen, W. (2005) 'Trusting teachers' judgment: Research evidence of the reliability and validity of teachers' assessment used for summative purposes', *Research Papers in Education*, 20 (3): 245-270.

9. Henning, D. (2004) *Germany: New education standards—perfecting the system of social selection*. Available at: *www.wsws.org/articles/2004/jan2004/germ-j30.shtml*.

10. Klenowski, V. (2006) *Evaluation report of the pilot of the 2005 Queensland Assessment Task(QAT)*. Brisbane: Queensland Studies Authority.

Available at: *www. qsa. qld. edu. au/3514. html* .

11. Klenowski, V. (2007) *Evaluation of the effectiveness of the consensus-based standards validation process*. Available at: *http://education. qld. gov. au/corporate/newbasics/html/lce _ eval. html* .

12. Köller, O. (2009) 'Using computer-based assessment to test listening and visual comprehension in large-scale assessments of foreign languages'. Keynote presentation at the 10th annual Association for Educational Assessment—Europe conference, Malta.

13. Kramer-Dahl, A. (2008) 'Still an examination culture—for most: Singapore literacy education in transition. Point and counterpoint', *Curriculum Perspective*, 28 (3): 82 - 88.

14. McCarty, T. (2009) 'The impact of high-stakes accountability policies on Native American learners: Evidence from research', *Teaching Education*, 20 (1): 7 - 29.

15. Marsh, C. (2009) *Key Concepts for Understanding Curriculum*. London: Routledge.

16. Maxwell, G. S. (2001) *Are Core Learning Outcomes Standards?* Brisbane: Queensland Studies Authority. Available at: *www. qsa. qld. edu. au/ downloads/publications/ research _qscc _assess _report _1. pdf* .

17. Maxwell, G.S. (2009) 'Defining standards for the 21st century', in C.M. Wyatt-Smith and J.J. Cumming (eds), *Educational Assessment in the 21st Century*. Dordrecht: Springer International. pp. 263 - 286.

18. Nichols, S.L. and Berliner, D.C. (2005) *The Inevitable Corruption of Indicators and Educators Through High-Stakes Testing*. Michigan: Great Lakes Center for Education Research and Practice.

19. OECD, Organization for Economic Cooperation and Development (2000) *Education at a Glance: OECD Indicators, Education and Skills*. Available at: *www. oecd. org* .

20. QSA, Queensland Studies Authority (2007) *Guide to Making Judgements*. *Brisbane*: QSA.

21. QSA, Queensland Studies Authority (2009) *Guide to Making Judgements*. Brisbane: QSA.

22. Reid, A. (2011) "What sort of equity?" *Professional Educator*, 10 (4): 3 - 4.

23. Rizvi, F. and Lingard, B. (2010) *Globalizing Education Policy*. London: Routledge.

24. Sadler, D. R. (1987) 'Specifying and promulgating achievement standards', *Oxford Review of Education*, 13(2): 191 - 209.

25. Sadler, D. R. (2005) 'Interpretations of criteria-based assessment and grading in higher education', *Assessment and Evaluation in Higher Education*, 30 (2), 175 - 194.

26. Stobart, G. (2005) 'Fairness in multicultural assessment systems', *Assessment in Education: Principles, Policy and Practice*, 12 (3): 275 - 287.

27. Stobart, G. (2008) *Testing Times: The Uses and Abuses of Assessment*. London: Routledge.

28. Wilson, M. (ed.) (2004) *Towards Coherence Between Classroom Assessment and Accountability*. Chicago: University of Chicago Press.

Web extras

1. Delandshire, G. and Arens, S. A. (2003) 'Examining the quality of the evidence in preservice teacher portfolios', *Journal of Teacher Education*, 54 (1): 57 - 73.

2. Linn, R. L. (1993) 'Educational assessment: Expanded expectations and challenges', *Educational Evaluation and Policy Analysis*, 15(1): 1 - 16.

第三章
教师评判实践和学习的社会文化视角

概　　述

本章描述社会文化视角下教师在评价实践中的评判。我们将评价视为一种情境实践，并且提供以评判和决策为目的的评价实例（Newton, 2007, 2010）来阐明这一观点。同时我们介绍关于学习和认知的社会文化理论（Murphy and Hall, 2008）用以阐释评价作为情境实践的本质。社会文化论侧重互动，包括教师默会知识和课程外显知识之间的互动以及学业成绩标准和教学法之间的互动。我们从互动的角度出发分析教师评判的概念，同时援引相关研究文献来佐证校本以及校际评价实践能够为教师评判实践提供有力的支持。我们也强调理解文化的重要性，阐释学习和评价的情景观以及相关的公正性等问题。

引　　言

本章介绍从社会文化视角出发的学习和评价中的重要概念和相关问题。我们从概念的界定入手，通过实例分析如何用社会文化论来理解和诠释教师在评价过程中的专业评判。

在高风险测试和问责的大环境下，评价数据和学生的学习证据表明，许多国家现行的评价体制中首当其冲的问题是无法保证教育的公正性。因此，包括澳大利亚、新西兰和加拿大在内的一些国家开始引进国家课程指南以及学业成绩标准。同时，在本章中我们会从有关公平、效度、文化差异以及学习机会等一系列与平等相关的问题出发，分析高分学生与低分学生之间的不平等关系。此外，从社会文化理论的视角出发，我们认为不可能存在真正的文化中性或绝对公正的评价（Klenowski，2009）。

关键术语

我们首先从学习和认知的社会文化理论视角出发对一些主要术语加以界定。

评价

评价的界定：

> ……（当）某一个体在与另一个体进行直接或间接的互动时，有意识地去获取并且解读对方传达的信息，包括知识与理解，或者对方的能力与态度。（Rowntree，1987：4）

这时就会产生评价。教师要做出评价，就需要有目的地、有系统地去采集学生学业成绩的信息和证据（Newton，2010）。同时，以评判为目的的评价能够为学生个体的学业成绩报告（如：A 到 E 的等级报告）提供学业成绩证据。这就是终结性评价。

在课堂教学实践中，教师能够熟练地利用学习证据或评价数据来监控学生整个课程或整个学年的学业成绩。学生作业的完成情况，他们在课堂上的各种学习行为表现，都为教师提供了评价信息。这些信息成为教师了解学生学习状态的有效途径：他们是否在学习中遇到了困难？具体在哪个概念或观点上卡了壳？通过评价，教师能够为学生下一步的学习提供适当的反馈信息，甚至采取干预措施，比如为学生制定学习框架。教师也可以以此为契机鼓励学生参与到自己的教学活动中来，师生共同构筑知识体系、理解和能力体系。这就是评价决策层面的目的（Newton，2010）。这种倡导教师引导学生参与活动的观点与社会文化理论的学习观相吻合。该理论强调专家与新手之间的合作，提倡双方共同解决问题、创造并分享意义。这一决策层面的评价目的是形成性的，类似于由学生监控、诊断的连续性评价。从社会文化视角出发，这样的评价被界定为具有互动性和情境性的社会实践（Stobart，2008；Mahuika et al.，2011）。

建构主义理论虽然贯穿于具体的课程教学要求，但是到了教学评价这一环节，却往往遗憾地缺失了（Murphy，1996）。广义而言，评价体系反映的是心理测量学的传统“……将能力视为一种可以测量的内在特质”（McCormick and Murphy，2008：10）。这一评价的测量观根据学生在所谓具有代表性的“正态”分布曲线上的位置，将学生基于能力加以区分。不同能力的学生被分到不同的班级，学习不同的课程体系，或者被分到不同事业发展路径（学术研究或者是职业发展）的班级。这一心理测量观受到了一部分人的质疑（Gipps，1994），而社会文化观的出现正是对这种测量观的挑战（Murphy and Hall，2008；Pryor and Crossouard，2008）。基于社会文化论的评价观认为学习和评价是在特定情境下发生的，教师和学生双方在评价中的作用和力量都不容忽视。换言之，学习被视为“文化活动的参与过程”（McCormick and Murphy，2008：5）。参与成为互动的核心。课堂的学习活动和相关评价活动为参与或学习提供了机会，而“参与者的学习体验取决于两个因素：参与者本身以及参与的本质，即通过参与活动来执行课程要求”（McCormick and Murphy，2008：3）。

学业成绩

学业成绩是指“学生展示教学或者学习过程的结果（包括知识、技能、价值观和态度等）的程度”（Queensland Studies Authority, 2012: 13）。近年来，相关研究的一个重要发现是：不论哪个年级的学生，他或她的学业成绩都与其背景、身份以及角色高度关联（McCormick and Murphy, 2008; Murphy and Hall, 2008; Pryor and Crossouard, 2008; McNaughton, 2011）。因此，评价信息只能为学业成绩提供一个指标或一种解释，但是它绝不等同于“实际的成绩”（McCormick and Murphy, 2008: 12）。有关这一命题的一些阐释都与社会文化学习观相关。

学习和评价的社会文化观

要透过评价来理解学习，我们需要聚焦互动，即“……学习者、教师以及在特定的社会、历史或文化背景下开展的评价任务三者之间的互动”（Elwood, 2006: 231）。互动是学习的社会论（Wenger, 1998）和评价的社会文化论（Murphy and Hall, 2008）的一个要素。要理解评价和学习之间的关系，就需要将学习过程视为在特定的社会和文化情境中积极建构知识的过程（Elwood, 2006; Klenowski et al., 2006）。这一知识建构理论的核心在于社会文化的情境观（Murphy and Hall, 2008），以及评价体系中的学习观。以这些理论为指导，我们就能更好地理解教师的评价实践，理解他们如何使用学业成绩标准或学习行为表现标准来提升学习，以及如何在评判实践和调整过程中体现这些标准。同时，我们在本章中会援引最近的研究发现来阐述这一观点如何与评价的公平、效度和公正这些问题联系起来。通过这些研究发现，我们可以了解教师是如何在教学和评价中融入文化因素来改进他们的评判实践并且丰富全体学生的学习体验的。

站在社会文化的立场上，学习就是在学校或课堂的学习共同体中“成为”全身心投入的参与者（Murphy and Hall, 2008)。教师可以“成为”这样的参与者：他们通过使用学业成绩标准或者采用更具文化针对性的教学法确立他们的评价身份和角色，建构他们的评价知识体系，从而“成为”更加优秀的教授者和评价者。学生也可以“成为”这样的参与者：例如一位土著学生土著学生，或毛利人（译者注：新西兰的少数民族）在课堂学习和相关评价活动中与其他学生进行积极的互动和讨论，这样通过更多的参与来“成为”更强的学习者，从而找到更多的“归属”感。

由此可见，社会文化论就是从这样的“成为”和“归属”(Murphy and Hall, 2008) 的意义上界定学习的：通过参与，通过教学和评价，通过增进与其他学习者之间的关系来改变自己的身份和角色，最终成为学习共同体的一分子。因此，根据学习的社会文化理论，评价不能脱离被评价者的历史、社会和文化背景，这些背景对他们价值观、信仰、世界观的形成，以及他们身份和地位的建立都有显著的影响（Rogoff, 2003; Murphy and Hall, 2008; Mahuika et al., 2011)。

由此可见，基于社会文化论的学习和评价实践强调共同体这一概念。他们视共同体为学习过程固有的特性。莱夫和温格（Lave and Wenger)（1991）提出学习者是通过“实践共同体”来获得学习体验的。这一共同体通过“合法的边缘性参与”过程对学习者提供“学徒式”的体验。教师需要在新的评价体系中进行评判实践，故而他们的身份和角色也是学习者。虽然有老教师和新教师之分，但是当新的评价模式，例如基于学业成绩标准或者学习行为表现标准的评价模式占了主导地位，那么有相当数量的教师（不论老教师还是新教师）在使用学期档案袋、设计真实的行为表现测评任务或进行评价的社会调整过程中，都难免经验匮乏，都将经历一段学徒期。

评判实践的社会文化立场

根据温格的社会学习理论（Wenger，1998：5），学习和认知过程包括四大要素：共同体（通过学习找到归属感）；身份和角色（通过学习成为共同体的一员）；意义（在体验中学习）；实践（在做中学习）。下面我们提供两个学习共同体范例来阐释这四大要素。

第一个范例是教师的评价“共同体”：教师对评判的调整是通过互动进行的，这样的社会实践使评判摘掉了“个人行为”的标签：他们在评判过程中需要解读标准，然后参照所解读的标准对学生学习成果的质量做出评判，给出具体的分数或等级。与此同时，教师需要能够为自己的评判给出理据，做出解释。标准的解读环节是在“评价共同体”中进行的：教师对标准的描述提出自己的理解，通过与其他教师的协商讨论最终达成共识。因此，教师作为评价者的身份或角色就是在整个实践过程中确立起来的。

第二个范例是学生的课堂“学习共同体”：教师通过在课堂上组织学生进行评价活动，增加他们的参与机会，也增强他们的归属感。学生在参与过程中亦随着归属感的增强，逐步明确自己在共同体中的身份或角色。在上述两个范例中，随着特定的共同体的逐渐形成，学习者的“评价身份或角色”变得清晰。通过参与包括调整“实践”在内的一系列互动，学生在实践中获得经验，确立了学习者身份。

这些共同体突显出历史、社会和文化等因素对评判和评价实践的影响。当然，影响的程度常常取决于不同层面的评价目标。例如，在终结性评判层面上，学生学业成绩的报告需要接受教育问责；而在形成性决策层面上，教师关注的重点则是提升学习。例如，教师为了鼓励学习上有困难的学生，可以适当地调整他们的学习活动乃至评价任务，给他们提供更多的机会参与到学习中去，为他们设定不同于其他学生的“够得着”的更现实的学业成绩目标。这样的调整可以满足不同学生个体的兴趣和需求，有助于促进和监控每一位学生的学习参与过程，通过“个性化”的教学和评价，帮助困难生经过长期的努力，达到最终的学习目标，取得合格的学年成绩。

调整：实践共同体

“桥接认识论”（bridging epistemologies）的概念（Cook and Brown, 1999）为我们理解教师在调整实践中的社会文化过程及其互动提供了颇具解释力的框架体系。根据“桥接认识论”，知识和认知之间的相互作用是“具有潜在生成力的现象”（Cook and Brown, 1999: 54）。教师在调整会议上讨论各自对标准的理解，包括对标准的目的、功能、本质特征和意义等各个维度的解读。这时，教师个人所理解的标准的外显知识和默会知识，与团体理解的标准的外显知识和默会知识之间就产生了相互作用。这是因为教师在使用标准和相关的文本资源（包括附有注解的学生作业或试卷范例以及评分细则等）的同时，也会积极使用其他的默会知识，包括教师个人对某一位学生的具体了解，或者教师个人对未做明确解释的标准的默会理解。团体的默会知识包括有关教学课程的知识、在颁布教程要求时的教学背景以及他们通过以往的评判实践积累的评价经验。个人的默会理解和团体的默会理解往往交汇在一起，有时会出现与外显的学业成绩标准相悖的情况。教师不时会发现，他们在参照默会理解的标准评判时，会不知不觉地将学业标准要求打折扣，甚至完全弃之脑后（Wyatt-Smith et al., 2010）。因此必须给教师提供评分细则，这为他们提供了进修学习提高评价水平的机会。只有这样，他们才能够积累更多的评价经验和评价技能，学会利用各种资源进行评价。

至于那些参与到调整实践的教师们，他们关于标准的新知识以及如何使用标准进行评判的新认知是“在与社会和外部世界的情境互动中使用知识作为认知工具”的结果（Cook and Brown，1999：54）。也就是说，调整是一种社会实践。在这样的社会实践中，学习者共同体为作为评价者的教师在评价学生作业或试卷时形成并表达他们对标准的理解提供了机会。而在教师调整会议上，使用个人的默会知识和外显知识以及团体的默会知识和外显知识作为与社会和外部世界的情境互动中的认知工具，也为新知识和新认知方式的产生提供了机会。这就是库克和布朗（1999）所主张的“行动中的认知”，即通过调整实践这一行动产生与评判相关的标准的新知识和新认知。

教师通过参与调整实践获得的新知识和新认知方式包括以下几个方面：

- 教师能够保证他们向各个班级教授的知识技能的内容相似，难度相近。
- 教师也能够保证对各班学生的学习成果的评价是公正的，并且具有可比性。
- 质量是评价的生命线。对全体学生的公正的评价不是局限于班级或者学校内部，而是扩展到学校与学校之间。
- 由于同一年级的学生使用的是统一的标准，教师、家长、学生和其他教职人员的信心也随之增强。
- 教师的教学和评价实践公开透明，可以接受公众的监督和批评，这有助于学校接受教育问责，保证教学质量。
- 教导主任或院系领导参加调整会议，尤其能够督促教师更好地完成教学中的查漏补缺工作。
- 当教师对标准本身或工作本身产生疑义时，可以通过协商探讨澄清疑点，达成共识。在这一过程中，个人实践逐渐转变为团体实践。这样，不仅实践质量提高了，教师共同体也随之建立起来。

• 教师能够正确认识并重视评价在教学和学习中的地位。

• 如果教师可以了解其他教师关于同一主题的上课方式和教学成果，他们教学的积极性会提高。

• 教师学习新的教学法，并且努力做到教学方法多样化以满足学生的个性化需求。(Klenowski and Adie, 2009)

文化和情境学习

文化影响到学生的学习和对他们的评价。布鲁纳（Bruner）(1986: 65) 将文化描述为“人们利用与世界半关联的隐性知识，通过协商，对什么是特定情境下的令人满意的行为方式所达成的一致的认识”（引用自 McCormick and Murphy, 2008: 5）。社会文化论认为：“学习是参与文化活动的过程。”(McCormick and Murphy, 2008: 5)从这一视角出发，学习的意义来自社会活动中的参与和互动。因此知识并不是由专家传承给学习新手的，而是通过互动习得的。或者，用麦考姆和墨菲(McCormick and Murphy) (2008: 5)的话说，知识就是通过“真实文化活动的参与”习得的。我们将这样的活动视为实践共同体的一部分。

举例说明：一位想了解和学习数学的学生加入到数学学习者共同体中。根据莱夫和温格（1991）的观点，新的学习者从共同体的“边缘”开始，随着参与的增多和理解力的增强，逐步向共同体的“中心”靠近。麦考姆和墨菲（2008: 5）解释道：“互相理解”或“主体间性”源自“参与”以及“随之产生的身份和角色的转变”。如果将学习视为身份角色的转变和进入实践共同体的文化适应，那么知识必须在情境中习得。换言之，学生为了获得知识而参与的各种学习活动以及相关评价活动是学习和认知不可或缺的有机组成部分（Brown et al., 1989, 引用自 McCormick and Murphy, 2008: 6）。

这一学习的情境观对教师组织课堂教学和评价活动有着重要的指导意义。基于这一观点，学生之间应该通过制定主体间性的目标协力合作，共同解决问题。当学生进行小组学习活动时，他们对学习活动或任务进行分析，找出任务重点，然后齐心合力攻破重点，实现主体间性的目标。这一学习观对与文化差异相关的公正问题有着重要的借鉴意义，为提高评价实践的公平提供了理论指导。

文化差异和公正性

很多教师在评价实践以及挑选评价材料时忽略了文化中性这一因素。关于文化中性，卡明（Cumming）（2000）提出过这样的问题："当制定标准和确定测试内容时，我们能肯定这就是我们需要的知识吗?"或者"我们考虑的是否只是要如何维持主流文化，以确保我们这些学校教育体系内代表主流文化的成功人士的稳定地位呢?"（Cumming, 2000: 4)这些问题虽然涉及的是评价的公平问题和效度问题，同时也在提醒我们重视文化差异造就的评价公正问题。公正并非指对全体学生采用一刀切的简单措施或者是单纯的追求学习结果的一致。公正的概念与文化差异、学习机会和正义有着紧密的联系。

来自非主流文化群体的学生可能会"经历伴随考试的文化恐惧……来自特定族裔和种族的学生事实上可能对大规模测试的监考、评判和分级分类具有抵触心理，甚至产生抗拒行为"(Berlack, 2001, 引用自 Luke et al., 2002: 11)。公平的测试对不同的族裔和民族一视同仁，决不厚此薄彼。但是，从另一方面说，它会承认文化差异，并且研究文化差异这一因素在评价和大规模测试中给学生的行为带来的影响。有关研究表明，与文化相关的变量可能会影响到学生的考试表现，这些变量包括：学科知识、任务组织框架、任务设计（如布置任务要求时使用的语言）、测试构念、语码以及测试惯例等（ACACA,

1995; Luke et al., 2002)。

在评价和课程改革盛行的大背景中，政策和相关研究对公正的支持，以及进而采取的措施为教师进修学习提高评价技能提供了渠道，为他们进行合乎伦理道德的评价实践建立了平台。公平的教育和评价环境支持教师培养促进公正的社会、法制和道德伦理责任感。在不断变化的教育环境下，公正，无论是作为一种理念还是实践，都需要上升到理论高度，才能影响政策的改变（Reid, 2011）。

我们的理念是：对不同文化背景的学生应该使用不同的教学方法和评价方式来满足他们的需求。很遗憾，很多教师缺乏这样的意识。而正因如此，他们往往不能够满足学生针对文化的需求（Mahuika and Bishop, n.d.: 6）。学习和认知的社会文化观承认文化差异是学习固有的特征，进而认为它是重要知识的组成部分。根据这一观点，我们应该珍惜学习者个体从祖辈传承下来的文化知识以及相关文化工具，重视这些文化遗产与学习者的关系（Rogoff, 2003, 引用自 Murphy and Hall, 2008）。

公正和评价

公平、有效的评价

教师通过评价学生的学习得到各种反馈信息：学生已经学到了哪些内容，哪些内容还没有学会，哪些方面他们感到困难等等。由于评价着眼于学生已经学到的东西，因此评价的概念也是基于学习以及学习者的本质特征等概念之上的。当探讨评价的公平性问题时，我们就必须清楚具体评价所基于的概念（Gipps and Murphy, 1994）。从公正的角度出发，除了上述学习和学习者的本质特征，我们需要考虑的重要因素还有评价的选材问题：即应该选择哪些知识和技能作为评价的内容。为了确保公正性，课程需要包括由不同文化团体的知识和经历组成的重要文化知识和技能，从而反映出文化的多元性，避免文化偏颇。

已有的研究发现，与公正和正义等问题相关的是评价的公平性，它作为评价质量的一个衡量因素，影响到学生的学习机会以及课程设置等问题（Gipps and Murphy, 1994; Stobart, 2005）。吉普斯和墨菲（Gipps and Murphy）（1994：273）认为："没有所谓绝对公平的测试。如此复杂的背景下也不可能有如此简单的公平的概念存在。"然而，就像斯托巴特（Stobart ）（2008：113）所说的那样："虽然我们无法真正做到评价的公平性，但我们可以努力使评价更加公平一些。"

评价必须尽可能地保持公平。学生需要平等的机会学习课程，教师就需要真正理解教学、课程和评价三者之间的关系，设计合理的评价任务以保障学生的学习机会平等，这在高风险问责环境下尤为重要。任何测试要保证其公平性，学生首先需要能够理解测试题目的要求。那些来自不同文化背景或不同语言背景的学生，以及那些来自贫困家庭或社会弱势群体的学生需要有机会去展示他们的知识技能，这是测试公平的前提。因此，为了尽可能地保证评价的公平性，教师需要采用一系列的方式方法。丰富的任务活动，真实的评价，这些方法都是为了保证评价的现场高效度（与系统高效度相对应）。而要保证现场效度，评价就需要与当时的情境以及学生所属群体的背景直接联系起来。

1989 年，麦克·艾坡（Michael Apple）就性别和种族相关的公正性，就有关课程设置提出了一系列问题：

- 所传授的是哪个群体的知识？
- 为什么在教学中对这一特定的群体采用这种特定的教学方法？
- 我们如何能够在教学中有意识、有担当地融入有色人种和女性的历史和文化知识?

在麦克·艾坡提出的上述问题的基础上，卡洛琳·吉普斯和派翠西亚·墨菲(Caroline Gipps and Patricia Murphy)(1994)提出了一些与测试相关的重要问题。这些问题对当前的教师教学实践具有同样重要的意义：

- 哪些知识需要评价并等同于学业成绩?
- 评价的形式、内容和模式适合不同的群体和个体吗?
- 在学业成绩的界定中涵盖了这些文化知识吗?
- 文化知识如何影响到个人在测试中的回答进而影响到测试的构念?

戈登·斯托巴特(Gordon Stobart)(2005)提出的问题则与学习机会问题密切相关，这些问题兼及课程、评价实践以及相关读写能力要求，因此也需要受到教师的关注：

- 学生如何把他们的文化背景带到课堂?
- 学生是谁? 由谁来教?
- 不同群体的学生享受的资源有不同吗?

所有这些问题都强调这样一点：全体学生都需要有机会展示他们所掌握的知识技能，这就要求教师针对不同地方和区域的学生设计出有效的教学活动和评价任务。正如吉普斯(1999: 385)所指："公布一项测试的设计、构念和评分，人们就能够了解整个测试的设计过程，这使得测试本身的价值和偏差问题透明公开，人们因此也得以就测试的文化和社会影响问题展开讨论，从而建立起评价者和学习者之间的良性关系。”

这些关于课程和评价的问题，使教师更加意识到：要更有效地确保测试的公正性，评价实践中的各种策略尤为重要。例如在澳洲，澳大利亚课程、评价和证书部门（ACACA）颁布的指导方案中就建议评价机构：

> 在实施测试前对试卷进行审核，检查试卷的内容是否再现了性别、社会经济、种族以及其他文化群体的模式化形象。评价机构需要对此担起责任来，聘请专家检查、编辑测试题目所使用的语言，确保测试语言本身不会成为某些学生群体的障碍，从而保证全体学生具有公平的机会在测试中展示他们所掌握的知识技能（ACACA，1995：1）。

教师对学生群体的差异和他们之间文化上的差异需要具备高度的敏感性，对评价模式与测试构念和学生经历之间的关系需要有明确的了解，这样他们才能确保全体学生理解评价测试中题目的要求，从而保证测试为全体学生提供平等的机会。同时，教师也应该充分意识到特定群体的学生所处的社会对他们能力的要求，这对于教师的教学目标、课程设置和教学要求都会产生一定的影响（Gipps and Murphy，1994：277）。

机会问题和读写能力要求

所有的测试都会对学生的读写能力提出要求。由于读写能力的运用是在特定的背景下通过社会互动实现的，人们往往对之视而不见。对学生读写能力的要求事实上贯穿各种评价任务，而这一点也往往被教师忽略，或者认为对学生的读写水平的衡量已经有独立设计的专项评价任务（Wyatt-Smith and Cumming，2003）。但是事实上对读写能力的要求因学生而异，如果教师不了解学生的各种背景，或者用瑞德（2001）的话说，不了解他们对“超文本知识的领悟能力”，那么很难确定这些读写能力的要求到底是什么。

如果教师不能有意识地去培养学生具备评价任务所要求的读写能力，那么有些学生可能就不能够理解评价任务本身的要求或测试题目的要求，他们的成绩也因此会大打折扣。由于读不懂题目，或者不明确评价任务的要求，学生很可能因此“不及格”，或者如果是校本考试，他们就干脆“不交卷”了。换句话说，一部分学生根本没有机会去达到所要求的读写水平。习普伟和克兰诺斯基（Hipwell and Klenowski）（2011）将这样的读写能力称为“沉默的评价者”。当一名学生的读写能力成为读写测试本身能否顺利进行的影响因素时，他或她是否能够通过读写能力测试也就不言自明了。换言之，当学生的读写能力不足以使他们理解读写测试题目的要求时，他们就被自然淘汰了（McDermott，1999；Stobart，2008）。

以教育问责为目的的大规模测试的盛行凸显了这一读写能力的重要性：教师在课堂评价实践中需要有意识地、有技巧地去培养学生对评价任务要求和测试题目本身的读写能力。只有当全体学生具备了这样的能力，他们才能理解评价任务要求或者读懂测试题目本身，从而获得同等的机会去回答测试问题，完成评价任务。这是解决测试公正问题的基础所在（Hipwell and Klenowski，2011）。近年来在澳洲昆士兰的相关研究发现也强调了测试的公正性与文化和评价之间的重要关联。

澳洲研究

澳大利亚全国读写和计算能力考评评价项目等国家基准数据库、国际数学与科学趋势研究项目以及国际学生评价项目等国际测试项目都反映出许多澳洲土著学生学业成绩低下的特点。从对国际学生评价项目的历年成绩比较分析（2000 年、2003 年、2006 年和 2009 年）中也可以很明显地发现在过去的6年内持续出现由公正问题导致的土著学生成绩低下的现象。但是我们往往对部分澳洲土著学生成绩优秀的现象疏于关注，对土著学生和非土著学生之间百分位数成绩分布的相似之处也视而不见。就这一点，德保利和汤姆森（De Bortoli and Thomson）指出：

> 虽然很多土著学生（在国际学生评价项目中）的成绩偏低，但是他们当中也有成绩非常好的……在第5的百分位数和第95的百分位数之间，土著学生的分数和非土著学生的分数呈现出相似的分布，前者分布为304分，而后者为310分……在国际学生评价项目2003年的数学读写能力成绩量表的高分数段上，仅有少量的土著学生达到5级或6级水平，而约有$\frac{1}{5}$的非土著学生达到这一水平。在数学读写能力成绩量表的低分数段，有43%的土著学生未达到2级水平，与之相对比，仅有14%的非土著学生未达到2级水平（2009：26）。

不可否认，澳洲土著学生的考试成绩明显低于非土著学生的考试成绩。同时，随着在校学习时间的增加，土著学生的数学和读写能力相对于学校的其他学生呈现出下降趋势。因此，课堂教学和评价以及土著学生和非土著学生的学习行为表现如何因学校背景的不同而出现变化和浮动，已经成为近年来研究的关注热点（Klenowski et al.，2010）。在研究浮动的原因和特点时，我们需要将学生的第一语言以及他们所处的社会文化和社会经济背景等因素考虑在内。

关于语言的研究

麦塔戈特和库罗（McTaggart and Curro）（2009）通过在昆士兰北部的一项教师参与的行动研究发现家庭和学校之间的差异是导致学生

之间差异的一个根本因素。

> 造成土著学生成绩不佳的原因错综复杂……相当数量的澳大利亚土著学生会说至少一种土著语言，而且出了教室他们就不说英语……他们在校园、家庭以及娱乐场所使用的语言（仅限口语）包括传统的“土著”语言、清晰可辨的克利奥语言，还有一些大体相似但又各具地方特色的方言，这些方言有时候称作“原住居民语言”。这些学生有的仅仅使用其中的一种语言，也有的通过潜意识的语码转换，混合使用或者分别使用上述的全部语言，但是他们在课外几乎从不使用标准澳大利亚英语。因此在学校，他们通常把英语当作是第二语言或者第三语言来学习（McTaggart and Curro，2009：6）。

这项由昆士兰师范学院资助的研究（见 *www.qct.edu.au*）旨在探讨如何在教师培训过程中，尤其是教师岗前培训和教师职业发展培训中，培养教师具备教授第一语言不是英语的学生的技能。以凯恩斯地区为主的北端昆士兰土著学校教育支持部门（the Cairns-based, Far North Queensland Indigenous Schooling Support Unit）（ISSU）提供了丰富的个案素材，同时也协助挑选了教师、校长和其他人员作为这项研究的参与者。教师参与者从教的学校背景各不相同，他们具有至少 5 年在 ISSU 从事以英语为第二语言（English as Second Language）（ESL）的教学经历，并且这一教学经历对他们的教学和学习带来了明显的变化。这些选择标准对于该研究非常关键，因为研究者希望了解参与者从教“前”及从教“后”观念的变化。研究者着眼于教师发展，帮助他们提高对语言的意识，希望他们能够借鉴英语作为第二语言的教学（Teaching English as Second Language）（TESL）的原则和策略来教授澳洲土著学生。

该项目通过文献研究发现：很多研究土著学生的论文缺失了土著学生将英语作为第二语言这一特征因素。这些论文涉及“文化差异、行为管理、精神状态、读写能力、上课出勤、听觉障碍、传统语言的维持、社会经济状况以及全国读写和计算能力考评成绩”等方面（McTaggart and Curro，2009：4）。该项目采用行动研究法来分析解读所采集的数据信息，并且通过相关文献回顾提炼出监控教育实践和巩固教育成果的方法。研究者最终得出结论：虽然有关土著学生的教育看似妙点众多，但是“可以现成借鉴用于土著学生的英语作为第二语言的教学资源和举措仍然稀缺待挖”（出处同上）。他们发现有非常多的教师在开始他们的教学生涯时对土著学生的需求几乎一无所知。虽然有一部分教师熟悉土著文化和语言，了解土著学生成绩低下的现状和种种原因，但是他们并没有找到标本兼治的有效方法。麦塔戈特和库罗（2009）强调指出：很多土著学生由于英语语言水平不够而无法学到有些课程。结果就是他们不具备一些评价任务本身所要求的读写能力，例如他们不能理解国际学生评价项目、国际数学与科学趋势研究项目以及全国读写和计算能力考评评价项目中的一些题目要求。“当问题源自课程制定者的偏见，而非学生或他们的家庭本身时，教师们应对无力。”（McTaggart and Curro，2009：6）

关于数学语言的研究

标准澳大利亚英语似乎是澳洲课程、评价和报告管理局的课程、全国读写和计算能力考评评价项目以及其他州一级的课程使用的默认语言。这就意味着第一语言为非标准澳大利亚英语的学生在课堂上，不论在数学知识的表达还是语言的表达方面，都可能会碰到交流障碍。教师因此需要对他们给予特别关注，并且为了在课堂上更好地与他们沟通，在教学语言和学习策略上多下功夫（Jorgensen，2011）。有关学者在昆士兰北端进行了数学语言（the Language of Maths）研究

(DEST，2009)。该项目是澳洲教育部教育科学培训局中年级学生群体科学课和培训方面的读写和计算能力研究项目（Department of Education，Science and Training's Literacy and Numeracy in the Middle Years Cluster Project）的分项。项目成员包括了从1年级到9年级的14位老师和260名土著学生，两所生源为100％土著学生的乡村（偏远）学校，以及3所生源多元化的城市学校。其中4所学校为州立学校，1所为天主教教会小学。

数学语言研究采用行动研究法，数据采集自参加项目研究的教师所教的学生。教师回答了背景分析调查表上的问题。这些问题包括学校信息，他们的教学情况以及自身职业进修目标等。除了上述教师提供的数据，该研究还采集了土著学生的测评数据用于与整个州的标准化数学测评数据进行比较分析。比较结果表明，语言差距是造成学生之间成绩差异的重要因素之一，语言对土著学生的学习行为表现和学习成绩产生了负面效应。这些土著学生感到难度最大、得分也最低的考题是需要考生用语言表达“思维、过程和逻辑推理”的考试题目，以及题目语言复杂、题意晦涩的考试题目（DEST，2009，Appendix 5：7）。

因此，土著学生教育的当务之急是在承认并且尊重他们的土著语言的同时培养他们在数学上的英语语言使用能力，应该在他们家庭所使用的土著语言和在学校以及社会使用的标准语言之间架起一座桥梁。除了采用行动研究，该项目还通过诊断性任务调查了学生和教师对语言的需求意向。他们发现“……由于语言表达不力，学生无法展示他们实际上可能已经掌握了的相关知识和技能”（DEST，2009，Appendix 5：8）。

参与该项目的教师与他们的同事，包括一名语言学家和一名数学导师，共同设计了一个支持文件，文件中列出了两种语言的差别，以及这些差别对数学教学和学习可能产生的影响，并在此基础上归纳出学生对这些用英语语言表达的数学知识的理解，最终设计出卓有成效的方案来评价和报告他们的学业成绩。必须指出，我们应该意识到并且重视这样一个事实：无论在系统层面还是学校层面，土著学生团体内部也存在差异。“不同团体、不同学生个体，他们的语言、知识和经历迥异，对他们采用整齐划一的管理和教学方法必然会导致不良的后果”（DEST，2009，Appendix 5：10）。

参与该项目的数学导师向其他教师明确解释了下列与数学相关的语言知识：

• 数学学科用语（例如：“平均数”“乘以”“比较”“多于”“少于”等）；

• 题目用语（例如：“双程”“一段行程”等）；

• 表述逻辑关系的语法（例如：“如果……那么……”“因为”等）；

• 任务要求的语言（例如：“设计表格”“用数列表示”等）；

• 程序化语言（例如：“提交”“解释”“描述”等）。（DEST，2009，Appendix 5：15）。

综上所述，该项目的主要发现可以归纳总结为以下几点：

• 教师应该了解学生进校或者进班时的学习行为和水平，对学生已经掌握的学科知识、学习能力和相关能力不能主观臆断，而是需要通过设计诊断性评价任务等形成性评价方式来获得反馈信息，促进教学，提供评价和成绩报告的理据。这些都是教学不容忽视的重要环节。

• 高质量的评价任务必须是真实的、有意义的、鼓励学生参与其中的。

- 评价需要为全体学生提供展示自己能力的机会，包括：
  - ➢ 教学语言明确清晰，通过使用共同语言缩小不同语言导致的学业差别；
  - ➢ 通过诊断性测试归纳出数学语言符号；
  - ➢ 设计开放型任务，鼓励学生的参与精神和探索精神；
  - ➢ 对学生和教师有明确的标准要求；
  - ➢ 创建鼓励学生参与和冒险探索的环境；
  - ➢ 给学生通过发言的机会来展示他们在课堂上所学到的知识（家庭语言和学校语言并重）；
  - ➢ 保证评价的高效度。

教师需要完成课程的教学要求，协助来自不同家庭和社会背景的全班学生通过全国统一测试。但是，通过 2009 年对昆士兰师范学院的研究项目以及 2005 年澳洲教育科学培训局的研究项目，我们发现：教师往往忽视与语言和读写能力相关的一些问题，或者缺乏必要的知识来解决这些问题。

针对文化的评价

将社会文化背景、社会与文化差异等因素考虑在内的教学和评价实践有助于解决公正性的问题。在课堂教学和评价中，对文化和社会差异的重视有助于全体学生的学习提升。我们的视线不能仅仅落在原始分数上，而更需要重视对分数的描述和解读，兼及相关的公正问题（Murphy，2009）。评价能力是教师知识体系和教学实践能力的有机组成部分；评价是了解学生的学习需求以及做出相应的教学改进的重要手段之一。

对“文化资本”和“社会资本”这两个概念进行解读（Bourdieu and Passeron，1977；Bourdieu，1986），有助于我们更好地理解为什么某一个群体（基于社会经济、文化或性别的群体）可能需要比另一个群体付出更大的努力才能获得同样的成功。他们需要更经得起挫折，更富有坚持不懈的精神，更具备能力和才干。“文化资本”是表现文化上对个体有利或不利因素的资本形态，它可以指知识、技能、教育程度或价值观等。这些因素会不同程度地影响到个人的社会地位。举例说明：如果一部分学生没有掌握某些知识技能，或者因为文化背景或性别等原因没有机会去学习这些知识技能，那么如果这些知识技能是高风险测试的评价要素，这时显然他们就会处于不利的地位。而如果这一高风险测试的目的是选拔人才，受到青睐的无疑是那些有相应“文化资本”的考生。正因如此，享有特权的往往总是社会的主流群体。布迪厄（Bourdieu）的“文化资本”论说明了学校教育的内部流程，包括选拔性评价和资格证书的获得，归根结蒂是精英的再生产流程，而不是真正的英才培养模式。他的观点表明，这样的教育流程偏向中产阶级的“文化资本”和文化经历，而来自工人阶级家庭的学生在同样的教育体系中要达到相同的目标不得不付出加倍的努力，要更加坚韧，更富才干（Broadfoot，1996）。这些真知灼见对我们的评价体系改革具有重要的启示意义。我们亟须针对文化的评价。

马辉卡（Mahuika）等人（2011）通过新西兰有关文化和评价方面的文献回顾，指出在新西兰高分学生和低分学生之间存在着不平等，而这种不平等主要存在于学校内部而非学校之间。他们倡导教师使用针对文化的教学方法和评价措施来满足毛利学生的特殊需求。马辉卡等人（2011：185）提出应该为这些毛利学生开设和实施“针对文化的教学课程和评价”。遗憾的是，他们未能进一步“量身定做，开出适合毛利学生或者土著学生的‘特殊食谱’来缩小这些学生与其他学生之间的差别”（出处同上）。从社会文化视角出发，有些教师显然没有意识到，学校教育制度实质上支持的是主流文化群体的文化价值观和理念。虽然教师主观上都希望为全体学生的最大利益服务，但是他们沿用的仍然是对土著学生的文化差异视而不见的传统教学方法和评价手段，也未意识到这些文化差异对土著学生的学习成果和考试成绩可能带来的重大影响。

以往有关文化差异的研究一直缺失对“学习者”这一因素的关注。近年来，国际上的相关研究重点转向为学校和系统如何承担责任来开发针对文化的教学模式以及如何将形成性评价纳入高质量的教学当中（Comber and Kamler，2004；Ainscow，2010；Bishop et al.，2010；Mahuika et al.，2011）。教师或者校长们往往将土著学生成绩的低下归咎于学生本身、他们的家庭环境或是校外经历等，故而对如何提高他们的学习成绩感到束手无策。正如马辉卡等人（2011：189）通过教师调研所发现的，“……教师将毛利学生的生存经历归于病态，将自己的教育成果低下归咎于孩子的内在因素或者家庭的潜在影响”，结果“……导致毛利学生和教师彼此间的消极的冲突关系；导致教师对毛利学生期望的低估以及教师对自身影响力的低估”。马辉卡等人认为持上述观念的教师在出现问题时，就习惯于责备别人，撇清关系，推卸责任。这样的教师，没有担当。

学校和教师需要培养发现差别缺陷（Ainscow，2010）的能力。根据这一观点，学生的分班分级应该基于他们的缺陷。这是从学习和评价的社会文化角度对传统观念的挑战。这一观点更加重视和尊重学生的缺陷，强调教师需要对学生的背景、文化、语言和行为举止等具有诊断性的了解或者总体的概念。这无疑有助于教师在形成性评价实践中更好地了解学生的学习需求。开展针对文化的教学活动、努力建立师生之间的良性关系都是学习的文化中心论的体现。在课堂教学中支持土著学生利用他们自己的“知识储备”（Moll，1992），采用他们自己的文化方式，有利于他们获得学习成功。而且，致力于具有文化针对性、包容多种认知方式的教学和评价有助于土著学生这一群体的壮大。包容文化的评价并不意味着向不同的文化群体倾斜，而是表明重视文化差异对学习行为和成绩（比如标准化测试）的影响。

对实践的启示

针对文化的评价要求教师具有良好的评价素养，重视文化差异和语言差异可能对评价造成的影响。同时，在教学中教师要有意识地培养学生对评价任务要求或者考试题目的读写能力。教师要能够熟练地设计任务，关注评价实践的效度和公平问题。针对文化的评价实践要求教师充分意识到不将英语作为第一语言的学生的需求，并采取相应的恰切的教学措施。例如，每一科目以测试学业成绩为目的的阶段教学和阶段测试都应该：

- 根据学生的背景来设计一系列相应的评价任务或测试题目；
- 根据学生的背景来设计一系列相应的测试题目回答方式，包括图片和纯语言方式；
- 考虑到各种背景和条件并且加以平衡。（ACACA，1995：1）

了解学生的观点、性情和信念，认可他们对学习意义的理解意义匪浅。这有助于教师设计出更为有效的评价任务来促进师生互动，并且通过给予学生恰当的反馈和设定合适的目标，提高学生学习的自信心，重塑自我形象。同时，上述形成性评价实践也折射出师生关系的和谐：教师不再处于支配地位，学生的主体地位得到提升。

学生要成为学习共同体的一员，就需要充分理解课堂语言的文化含义，保证自己在课堂上的行为符合既定的课堂规范。这一点对土著学生而言并非易事，因为他们对课堂语言的理解可能会因为文化差异而导致偏差。因此加强任课教师以及土著学生助教（在澳洲，称为土著教育工作者）的文化意识，是教学决策和评价决策的基本目标，是因材施教的重要保证。针对文化的评价方式强调身份和背景的重要性，这有助于教师评价素养的培养和提高。在培养教师评价素养的同时，不容忽视的还有对学生的课程和评价任务读写能力的培养。教师应该将目前课程和标准改革的理念融入自己的教学实践。

本章小结

教师应该洞悉他们教学工作的问责环境，认识到他们的评价和教学实践受到各种非可控因素的影响，例如国家对评价的内容、评价结果的记录和报道等都制定了相关政策进行统筹规范。但是教师同时需要意识到他们所教授的学生背景的多元性以及不同的文化和语言对学生的学习和评价的影响。土著学生本身也并非是整齐划一的统一体，他们之间也存在着背景和文化差异，这一点尤为关键，不容忽视。

学习对学生未来的成功会产生多大的影响？学生对这一学习意义的认识直接影响到他们的学习态度。因此教师和学校领导需要调查学生所处的社会文化环境，重视特定的社会文化环境对他们可能产生的方方面面的影响。有研究表明，大多数教师在文化意识、融入文化的教学评价策略、语言问题及评价和测试的读写能力问题等方面缺乏基本的专业知识和培训。因此教师队伍的专业化要求教师充分认识课堂环境的复杂性，致力于开展针对文化的教学和评价活动，精心设计出开放型问题等具有一定挑战性的丰富多样的教学活动和评价任务。

思考题

1. 如何从学习的社会文化视角来描述作为社会实践的评价？
2. 为什么说实践共同体对从理解社会文化视角出发的评价具有重

要的作用？

3. 学习共同体是如何通过调整实践而建立起来的？

4. 情境学习论对课堂教学、学习和相关评价活动具有哪些重要的启示意义？

5. 如果学生来自不同的民族、种族、文化和社会背景，评价实践如何做到尽可能的公平？

6. 为什么把评价任务和测试的读写能力称为“沉默的评价者”？

参考文献

1. Ainscow, M. (2010) 'Achieving excellence and equity: Reflections on the development of practices in one local district over 10 years', *School Effectiveness and School Improvement,* 21 (1): 75 - 91.

2. Apple, M. W. (1989) 'How equality has been redefined in the conservative restoration', in W. G. Secada (ed.), *Equity in Education.* London: Falmer Press. pp. 7 - 35.

3. ACACA, Australian Curriculum, Assessment and Certification Authorities (1995) *Guidelines for Assessment Quality and Equity.* Available at: *http://acaca.bos.nsw.edu.au/go/acaca-documents/*.

4. Berlack, H. (2001) 'Race and the achievement gap', *Rethinking Schools Online,* 15 (4). Available at: *http://www.rethinkingschools.org/archive/ _ 04/Race154.shtml*.

5. Bishop, R., O'Sullivan, D. and Berryman, M. (2010) *Scaling up Education Reform: Addressing the Politics of Disparity*. Wellington: NZCER Press.

6. Bourdieu, P. (1986) 'The forms of capital', in J. G. Richardson (ed.), *Handbook of Theory and Research for the Sociology of Education.* New York: Greenwood Press. pp. 241 - 258.

7. Bourdieu, P. and Passeron, J. C. (1977) *Reproduction in Education,*

Society and Culture. London: Sage.

8. Broadfoot, P. (1996) *Education, Assessment and Society*. Buckingham: Open University Press.

9. Brown, J.S., Collins, A. and Duguid, P. (1989) 'Situated cognition and the culture of learning', *Educational Researcher*, 18 (1): 32 - 41.

10. Bruner, J. (1986) *Actual Minds, Possible Worlds*. Cambridge, MA: Harvard University Press.

11. Comber, B. and Kamler, B. (2004) 'Getting out of deficit: Pedagogies of reconnection', *Teaching Education*, 15 (3): 293 - 310.

12. Cook, S.D.N. and Brown, J.S. (1999) 'Bridging epistemologies: The generative dance between organizational knowledge and organizational knowing', *Organization Science*, 10 (4): 381 - 400.

13. Cumming, J. (2000) 'After DIF, what culture remains?' 26th International Association for Educational Assessment Conference, Educational Assessment in a Multicultural Society: Integrating Unique Perspectives and Shared Values, Jerusalem.

14. De Bortoli, L. and Thomson, S. (2009) *The Achievement of Australia's Indigenous Students in PISA 2000 - 2006*. Melbourne: ACER Press.

15. DEST, Department of Education, Science and Training (2009) *The Language of Maths*, A DEST Literacy and Numeracy in the Middle Years Cluster Project: Appendix 5. Available at: *http://education.qld.gov.au/literacy/docs/deewr-myp-final-report.pdf*.

16. Elwood, J. (2006) 'Formative assessment: Possibilities, boundaries and limitations', *Assessment in Education: Principles, Policy and Practice*, 2: 215 - 232.

17. Gipps, C. (1994) *Beyond Testing: Towards a Theory of Educational Assessment*. London: Falmer Press.

18. Gipps, C. (1999) 'Chapter 10: Socio-cultural aspects of assessment', *Review of Research in Education,* 24 (1) 355 - 392.

19. Gipps, C. and Murphy, P. (1994) *A Fair Test? Assessment, Achievement and Equity.* Buckingham: Open University Press.

20. Hipwell, P. and Klenowski, V. (2011) 'A case for addressing the literacy demands of student assessment', *Australian Journal of Language and Literacy,* 34 (2): 127 - 146.

21. Jorgensen, R. (2011) 'Language, culture and learning mathematics: A Bourdieuian analysis of Indigenous learning', in C. Wyatt-Smith, J. Elkins and S. Gunn (eds) *Multiple Perspectives on Difficulties in Learning Literacy and Numeracy.* Dordrecht: Springer. pp. 315 - 329.

22. Klenowski, V. (2009) 'Australian Indigenous students: Addressing equity issues in assessment', *Teaching Education,* 20 (1): 77 - 93.

23. Klenowski, V. and Adie, L. (2009) 'Moderation as judgement practice: Reconciling system level accountability and local level practice', *Curriculum Perspectives,* 29 (1): 10 - 28.

24. Klenowski, V., Askew, S. and Carnell, E. (2006) 'Portfolios for learning, assessment and professional development in higher education', *Assessment and Evaluation in Higher Education,* 31 (3): 267 - 286.

25. Klenowski, V., Tobias, S., Funnell, B., Vance, F. and Kaesehagen, C. (2010) 'Culture—fair assessment: Challenging Indigenous students through effortful mathematics teaching', in *AARE International Education Research Conference,* Melbourne.

26. Lave, J. and Wenger, E. (1991) *Situated Learning. Legitimate Peripheral Participation.* Cambridge: Cambridge University Press.

27. Luke, A., Woods, A., Land, R., Bahr, M. and McFarland, M. (2002) *Accountability: Inclusive assessment, monitoring and reporting.* Research report prepared for the Queensland Indigenous Education Consultative

Body. Queensland, Australia.

28. Mahuika, R. and Bishop, R. (n. d.) *Review Paper 6: Issues of Culture and Assessment in New Zealand Education pertaining to Māori Students*. Available at: *www.assessment.tki.org.nz*.

29. Mahuika, R., Berryman, M. and Bishop, R. (2011) 'Issues of culture and assessment in New Zealand education pertaining to Māori students', *Assessment Matters*, 3: 183 - 198.

30. McCormick, R. and Murphy, P. (2008) 'Curriculum: The case for a focus on learning', in P. Murphy and K. Hall (eds.), *Learning and Practice Agency and Identities*. London: Sage. pp. 3 - 18.

31. McDermott, R. P. (1999) 'On becoming labelled—The story of Adam', in P. Murphy (ed.), *Learners, Learning and Assessment*. London: Paul Chapman. pp. 1 - 21.

32. McNaughton, S. (2011) *Designing Better Schools for Culturally and Linguistically Diverse Children: A Science of Performance Model for Research*. New York and London: Routledge.

33. McTaggart, R. and Curro, G. (2009) *Book Language as a Foreign Language: ESL Strategies for Indigenous Learners*. Toowong: QCOT.

34. Moll, L. C. (1992) 'Bilingual classroom studies and community analysis', *Educational Researcher*, 21 (2): 20 - 24.

35. Murphy, P. (1996) 'Integrating learning and assessment—the role of learning theories', in P. Woods (ed.) *Contemporary Issues in Teaching and Learning*. London: Routledge. pp. 173 - 193.

36. Murphy, P. (2009) 'Applying a sociocultural approach to assessment theory and practice: Issues for summative and formative assessment', The Open University, presentation at Queensland University of Technology, Brisbane.

37. Murphy, P. and Hall, K. (eds) (2008) *Learning and Practice: Agency and Identities*. London: Sage.

38. Newton, P. E. (2007) 'Clarifying the purposes of educational assessment', *Assessment in Education: Principle, Policy and Practice,* 14 (2): 149 - 170.

39. Newton, P. (2010) 'The multiple purposes of assessment', *International Encyclopedia of Education,* 3: 392 - 396.

40. Pryor, J. and Crossouard, B. (2008) 'A socio-cultural theorisation of formative assessment', *Oxford Review of Education,* 34 (1): 1 - 20.

41. Queensland Studies Authority (2012) 'Reporting student achievement and progress P - 10 Advice and Guidelines' (Draft): 13. Available at: *www.qsa.qld.edu.au*.

42. Reid, I. (2001) 'Framing literacy demands', in J.J. Cumming and C. Wyatt-Smith (eds), *Literacy and the Curriculum: Success in the Senior Secondary Schooling.* Melbourne: ACER Press.

43. Reid, A. (2011) 'What sort of equity?' *Professional Educator,* 10(4): 3 - 4.

44. Rogoff, B. (2003) *The Cultural Nature of Human Development.* Oxford: Oxford University Press.

45. Rowntree, D. (1987) *Assessing Students: How Shall We Know Them?* London: Kogan Page.

46. Stobart, G. (2005) 'Fairness in multicultural assessment systems', *Assessment in Education: Principles, Policy and Practice,* 12 (3): 275 - 287.

47. Stobart, G. (2008) *Testing Times: The Uses and Abuses of Assessment.* London: Routledge.

48. Wenger, E. (1998) *Communities of Practice: Learning, Meaning and Identity.* Cambridge: Cambridge University Press.

49. Wyatt-Smith, C. M. and Cumming, J. J. (2003) 'Curriculum literacies: Expanding domains of assessment', *Assessment in Education: Principles, Policy and Practice*, 10 (1): 47 - 59

50. Wyatt-Smith, C. M., Klenowski, V. and Gunn, S. J. (2010) 'The centrality of teachers' judgement practice in assessment: A study of standards in moderation', *Assessment in Education: Principles, Policy and Practice*, 17 (1): 59 - 75.

Web extra

Wilson, M. (1992) 'Educational leverage from a political necessity: Implications of new perspectives on student assessment for Chapter 1 evaluation', *Educational Evaluation and Policy Analysis*, 14 (2): 123 - 144.

第四章
一致性和贯穿始终的评价

概　　述

本章的重点是如何将评价和教学融入课堂教学实践来提高学生的学习能力，加强学生的学习参与。我们在本章提出两个重要概念：评价、课程和教学法的协调一致；贯穿始终的评价。这一评价的核心围绕着课程计划和教学活动的任务设计过程。这两个概念是建设和维持高质量评价文化的关键所在。

引　　言

本章探讨的观点源自一系列评价研究，尤其是由澳大利亚政府资助的为期一年的大规模研究项目。澳大利亚就业和劳动关系部（the Department of Education, Employment and Workplace Relations）(DEEWR)以及昆士兰教育培训和文化部（the Queensland Department of Education, Training and the Arts）(DETA)[①] 提出的项目宗旨是："增进教师对读写和计算能力评价、课程以及教学指导等的知识和理解，促进他们专业技能的发展，使他们能在学校教育的中级阶段实现

① 现在称为教育培训和劳工部（the Department of Education, Training and Employment)。

最佳效应。”（DEEWR and DETA，2007：III）我们在此援引这项研究，是因为它是课堂教学实践的实证性研究项目。怀亚特-史密斯和布里奇斯（Bridges）（2007）在一项更大的政府资助的项目中对此作出了评价性报告。

“贯穿始终”的评价着眼于连接课程计划、评价、任务设计和课堂上的证据采集（Wyatt-Smith and Bridges，2007）。因此，教师的主要参照点包括：学生应该学习哪些知识技能？如何了解学生是否已经掌握了这些知识技能？掌握的程度如何？还可能产生哪些伴随性习得？简言之，本章所探讨的课堂教学实践的改革体现在以下三个方面：

第一，教学开始之前，对优质教学的理解应该是教师的备课活动要与评价活动和课程计划直接关联，并保持一致。故而评价不是一种终结性的活动，也不是在某一单元结束时或者教学和学习发生之后才开始的行为，而应该是评价计划引领备课计划。给学生布置的评价任务本身的质量就是优质教学的重要特质，对教师需要采集的评价证据的内容、采集的目的、采集的时间等问题，都具有极为关键的意义。此外，在备课阶段，教师需要考虑的还有如何解读所采集到的信息的质量，如何通过这些信息来了解学习的进展和学习的质量。因此，在实际教学活动开展之前，就深思熟虑的评价证据采集计划会给教学实践和学习从根本上带来有效的变化。

第二，对教师来说，设计具有一定挑战性的评价任务是教师需要掌握的一项重要技能。本章介绍了一些策略用以支持教师的评价设计决策，以保证评价任务能够严格执行课程要求。此外，本章也探讨了学习共同体、评价公正性等相关问题。

第三，对要求学生完成的一些重要的课堂评价任务，教师需要确定特定的任务质量构成要素，即课堂评价任务的质量标准。这并非意味着要限定学生项目性作业或课堂评价任务的完成方式。事实上，制定评价质量标准的目的是保证教师在开展教学活动时能融入他们的教学计划并且让学生了解任务质量的要求，最终获得最佳课堂教学效果。评价质量标准的制定也有助于教师就任务完成的质量问题与学生进行更好的沟通。正如本书其他章节所述，标准是教师与学生沟通学习质量的资源。这样的资源还包括可作为标准具体参照点的学生作业或试卷的真实范例。教师正是通过课堂评价任务的设计以及相关标准的制定和描述，得以了解学生成功完成任务所需掌握的知识和技能，实现课程、教学法和评价三者之间的协调一致。保持这三者的协调，让学生从一开始就明确终结性评价的任务要求和评分标准，这些观点与将评价视为情境实践的观点如出一辙：两者都认为课堂评价不仅仅为教师的教学实践提供了有益的信息，而且有助于学生尝试各种新的学习方法。

“教师作为研究者”的运动始于20世纪70年代（Stenhouse, 1975），而在80年代开始引起广泛关注（Schön, 1983；Cole, 1988）。舍恩（Schön）主张教师应该成为善于思考的实践者，教师之间以及师生之间的交流应该视作对学生学业成绩和教师教学行为的连续性评价的有机组成部分。格拉泽（Glaser）（1963, 1976, 1986）以及格拉泽等人（Glaser and Nitko, 1971）的研究更进一步地引起了人们对如何融合评价和教学产生强烈的研究兴趣。

关于如何融合评价和教学的探讨引发了人们对评价目的的思考以及对评价信度和效度等概念的关注。有关学者倡导“任何一项评价的质量都需要通过对其信度和效度的测量来得以保证”，而信度和效度的测量往往是在评价实践之后进行的（Broadfoot and Black, 2004：14）。广义而言，课堂评价通常强调高效度，而在大规模的测试中，信度则成为核心问题。塞德勒（1989：122）对此诠释如下：

> 人们通常认为信度是效度的必要非充分条件（这一观点是正确的），因为一项测量或者评判可能在时间上保持前后一致或者在

测量者或评判者之间保持一致，从而具有信度，但是若同时它偏离了测试目标，则无效度可言。因此信度的保证是效度的前提。然而在形成性评价中，我们将信度和效度的关系描述为：效度是信度的充分非必要条件似乎更加合理。对以诊断和促学为主要目的的评价任务，我们首先要确保对每个具体评价任务的评判效度，其次才考虑评分的信度。信度被视作是必然结果。

因此，在形成性的和以教学为目的的评价中，效度通常是人们关注的重点；而高信度则是高风险测试的关键所在。其他一些学者（Linn，1989；Messick，1989；Torrance，1997；Wilson，2004；Newton，2012）或从标准和传统心理测量理论角度出发，或从情境评判和解释理论角度出发，分别对效度和信度理论做了详尽的陈述。广义而言，无论上述哪一个视角的分析都能找到很好的文献支持，并且对效度的重视都高于以往（Matters et al.，1998）。限于本书的篇幅，我们难以在此就效度的各派观点展开讨论。但是从根本出发，我们应该肯定“克龙巴赫-莫斯（Cronbach-Moss）框架”中相对狭义的效度概念和相对广义的信度概念的可取性。皮特曼（Pitman）等人认为：

> 建立效度的中心是“以评促学”这一观点，评价的意义在于对学习的提升……（以及）重视评价对个人和学校产生的后果……“克龙巴赫-莫斯框架”提出了适切性和充分性等问题……通常认为信度是效度的必要非充分条件，（但是）同时也是评价公平性的重要保障。（1999：2）

由此可见，我们在强调信度重要性的同时，必须指出：没有效度，信度几乎无从谈起。

近年，马特斯（Matters）（2006）从另一视角对信度和效度进行审视，提出了她认为更为有效的评价构念，包括严格性、可解释性、可信度和真实性等。她认为教师和系统的首要任务就是开展有效的评价，教师应该全程参与评价，大到评价的总体设计和评论，细到每一项评价任务的具体设计和每一道题目的撰写，甚至扩展到对其他系统开发并实施的评价工具的研究和借鉴。这样的实际参与，相比讨论对比不同目的的评价任务的利弊，效率更高、收获更大。当然，对系统和具体评价任务本身所生成的评价数据，教师需要具备对它们进行采集和解读的能力。从根本上说，评价的焦点应该从标准化测试本身转向对课堂评价所生成的各种评价数据所显示的评价证据上。我们需要了解各种评价证据是如何互相作用的，“独立的评价数据和总体评价数据是如何分别以及总体显示评价证据的，从而对整个评价产生一个全面的认识”（Wyatt-Smith，2000：125）。效度的重要性已经引起了一部分学者（Moss，1994；Matters，2006）的共鸣。虽然对此学术界还存在着各种争议，但是总体而言，克龙巴赫和米尔（Meehls）（1955）的观点获得了大多数的认同，即评价最关心的问题是要保证对评价数据的解读和使用的效度。

布莱克和威廉（1998a）的研究焦点虽然不是评价效度，但是他们提出了“黑匣子”这一概念来隐喻评价和学习之间的基本关系。他们通过对教育工作者（包括决策者和教师）的研究调查发现，教育工作者的行为对以学习为目的的评价具有推动作用。学习是如何发生的？评价在告知和支持学习两方面的作用是什么？要回答这些问题，我们就需要仔细研究课堂评价“黑匣子”，关注课堂评价活动具体实施过程中的各种因素（如：决策、焦虑、标准、高风险测试），以及学习过程中的社会互动及其产生的影响（最佳成果是培养更多的知识青年）。布莱克和威廉（1998a，1998b）的观点的核心是课堂学习是如何发生的。只有洞悉课堂学习的具体发生过程并且给出恰如其分的回应，学习结果，包括结果的可解释性，才能得到改善。因此任课教师对课堂实践的研究有助于他们制定下一步的教学计划和活动，帮助学生更有效地提升学习。换言之，教师通过研究课堂实践，就会更好地理解学习，或者更确切地说，就会更好地了解课堂学习是如何发生的，又发生了哪一方面的学习。

长期以来，人们将评价视为采集信息或证据并从中推断意义的过程。林（Linn）（1992）指出没有哪一个评价工具或者哪一种评价方式能够向教师、家长和受试学生本人提供所有必要的信息，因此我们需要不断采用多种评价手段，提供各种指标，使“在某一次评价中的失利者有机会在其他评价中提供证据再次展示他们所掌握的专业知识和技能”（1992：44）。因此教师若要获得学生学习成绩的多种评判证据，就需要通过各种传统和/或新型的评价方式，给学生不断提供各种机会，使他们从不同层面、不同角度来展示自己掌握的知识和技能：

> 关系到学生前途或教育机会的决策决不能单凭学生的测试分数本身一锤定音。要提高决策的效度，必须要将其他的相关信息考虑在内……更为重要的是，当我们获得明确的证据证明该测试分数未能充分地反映出受试者的真实水平时，我们尤其需要寻求其他合理的方式来获得该受试者更多相关的证据。（American Educational Research Association，2000）

正如谢泼德（Shepard）（2000：12）所强调的，教师“在使用新的评价方式方面需要获得帮助”。教师需要有机会去反思他们平时的教学和评价理念，更深层次地思考如何设计任务才能提升学习，并且最大限度地让学生参与到各种评价任务中去。本章的中心内容就是如何通过新型评价方式的开发促进评价改革。诚然，各种新型评价方式的成功开发离不开相应的教学方法作为支撑。只有这样，教学和评价两者才能相得益彰。这一点毋庸置疑。

本章首先提出一些重要观点，包括效度核心观，评价的社会文化情境观，以及以评促学观。广义而言，“当一项测试真正测量出预期测量的东西，它就是具有效度的”(Scriven, 1980: 40)。目前广为接受的观点是：要准确地应用和解读一项评价（包括测试）的结果，其前提是该评价必须是具有效度的。由于课堂评价，尤其是在以成绩报告为目的的测试，多年来纸笔考试占主导地位，人们现在更加意识到评价效度的重要性。考试的效度并不由单纯的考试分数本身来决定，一系列的相关信息，包括考试本身与考试行为之间的关系，都会对之产生影响。因此，评价的核心问题是评价的有效性和质量问题。不仅如此，评价还需要协调

> 学习者、教师和评价任务三者之间在特定的社会、历史和文化情境下的关系……学习者和教师相互交织……学习并不是孤立发生的，必须在师生关系中去看待学习。(Elwood, 2006: 230)

这里，评价“是教学过程中不可或缺的部分，它直接融入课堂的社会和文化活动”(Gipps, 1999: 378; Black et al., 2003)。

当评价的社会文化观仍处于酝酿发展阶段，吉普斯（1999: 377）就已进一步指出“从社会文化视角出发，我们可以用各种不同的方式在社会情境下去评价学习，例如，学习档案袋可以用于反映学习过程，反映学习随着时间的推移发生了什么样的变化”，并且能够反映出，或者在一定程度上解释学习发生的社会背景。因此学生在课堂上学习的内容和方式很大程度上取决于任课教师所设计的活动，包括教学活动和评价任务。由此可见，教师应具备的有关教学和评价的知识和技能应该包括一系列的设计决策能力和系统新颖的任务设计能力。这样，他们才能够在教学计划中有效地融入评价任务。这里，“任务”指的是意在累积的以促学为目的的各项形成性具体任务，例如布置给学生独

立完成或小组合作完成的项目性任务。这些任务也包括上网搜索相关资料、用一定方式去展示任务的准备过程或成果等。它们通常需要学生花费一段时间才能完成，因此这些任务与传统的短答题和在课堂上就能当场完成的作业或试卷具有明显的区别。

除了聚焦任务设计，教师在制定课堂评价任务活动标准的时候还应该参照执行与教学各个阶段相应的官方标准。很多标准参照评价系统都制定了评价的标准并辅以具体的描述，这些都为教师保证课堂评价任务的质量提供了主要依据和指导。关于教师如何参照官方要求制定个性化的任务标准并且有机结合到他们的教学中去，本书的其他章节另有详述。在此处我们强调的是评价的新视角，强调评价的过程性，而非唯分数至上的终结性。因此本章节从教师保持评价、课程和学生学习三者协调一致的评价素养和专业能力开始讨论。

保持课程和评价协调一致的评价素养和专业能力

本节提出的观点是高质量的评价过程与教师的备课过程需要同步开始。换言之，教师应该在备课伊始就开始制定评价计划，或者更确切地说，就开始设计主要的任务或者活动。这样才能保证所设计的评价任务能够支持并拓展学生的学习，同时有效地评价学习。这一点与“评价是决策过程而非测量过程”(Pitman et al., 1999)的观点相吻合。我们此处关注的是教师进行贯穿始终的评价(Wyatt-Smith and Bridges, 2007)的专业能力和特质，强调教师应该致力于保持评价自始至终的一致性，具体而言，就是教师要结合课程设置要求来决定课堂评价需要采集哪些教学反馈信息才能有效地制定个性化教学模式，帮助全体学生取得良好的学习效果。

广义而言，教师的评价素养应该包括八项重要的专业能力和特质。这些能力和特质从根本上能够保证教师所设计的评价任务具有明确的任务说明，符合课程的总领要求和具体课程或项目学习的目标，同时有效地评价学习。

为了支持学习，有效地评价学习，教师需要具备以下知识、能力和特质：

1. 全面了解课程要求。这是开展有效评价、制定教学计划和设计任务的基础。

2. 对学生已经具备的知识和能力，包括学科知识以及读写、计算等跨学科知识进行摸底，从而对学生以往的学习以及学习新知识的能力在理性估计的基础上加以检验，做到心中有数，调整有方。

3. 采集的课堂学习评价证据与教育宗旨或者课程学习目标相一致。这样，学生能够明确评价任务的目的和要求以及评价任务与学习的关系；评价活动能够与教学和学习保持协调一致。

4. 给学生布置的任务要考虑其对学习者智力的挑战性，要平衡难度和广度。这就要求教师设计的任务能够检测到学生顺利完成任务，获得学习成功所需要掌握的知识的深度、技能、概念和特征。与此同时，教师要为学生提供机会以各种方式（独立完成、小组或配对合作完成、请教课外专家）以及利用各种资源（传统的打印形式以及使用新技术进行设计和交流）完成任务。

5. 考虑到学生的多元化，保证课程和评价计划能兼及不同层次和不同背景的学生。这就要求教师为学生展示自己的学习成果提供各种机会、多种平台。

6. 培养与学生和家长良好的沟通能力，能够向他们明确任务的目的和意义以及完成任务需要达到的认知要求，这包括任务的类型、目的、时间分配、序列以及权重等基本说明。诸如上述对评价的明确说明有助于教师更具针对性地开展教学活动。

7. 培养向学生传达或者与学生一起讨论任务标准的能力，使学生能够学会对照标准来评价自己所完成的任务质量（包括形成性评价和终结性评价），帮助学生进行自评和互评。

8. 愿意反思自己对任务的评判，公开自己做出的评判结果，并且开诚布公地与其他教师讨论对任务样本的质量或者特征依照既定标准做出的评价。教师可以通过专业讨论会分享评价计划，探讨课堂评价真实样本（此观点源于 Wyatt-Smith and Bridges, 2007, pp. 44－58，版权 Commonwealth of Australia，此处引用获得授权）。

上述观点在下一节有进一步的展开和阐述，读者将“听到”教师们如何反思和评论他们贯穿始终的评价实践以及如何协调课程、教学和评价三者之间的关系。发言片段摘自地方教师网站上教师和领导的评论，此处称为“群”（clusters）。对项目报告感兴趣的读者可参看发言片段的来源：澳大利亚就业和劳动关系部和昆士兰教育培训和文化部（2007），以及怀亚特-史密斯和布里奇斯（2007）（版权 Commonwealth of Australia，此处引用获得授权）。共有 15 个“群”，107 所学校，273 名教师和 5 000 名左右的学生参与该项目。每个发言后面标注的页码来源于怀亚特-史密斯和布里奇斯（2007）。

倾听教师的心声：教师对课程以及学习者的认识

深入了解课程设置中的学科要求和范围以及教学培养目标是教师专业实践的根本所在。

教师个人备课和集体备课的做法由来已久。教师需要熟知课程设置中的学科要求及范围，其重要性也早已达成共识。从这一角度出发，教师的备课应视作对大纲要求的进一步检视，对课程认识的进一步统一。这样的备课实践，包括教师关于同一年级以及跨年级、跨学科的课程要求的交流，都对促使各学科、各年级的教师、教务部门和学校领导共同建立并维持高质量的校园评价文化起到了重要作用。一些研究（Harlen，1994；Murphy and Hall，2008）不约而同地发现：教师对教学目标和评价要求的清晰认识是备课和教学实践的指导，也是学生学习成功的关键。成立集体备课小组或者支持型教师学习共同体，开展集体备课及校内甚至校际交流，这些都是培养教师专业能力的良好渠道。这些专业能力包括进行“贯穿始终”的评价，保持评价、课程和教学法的协调一致等。关于专业知识的分享和交流，群里有如下评论：

> ……因此大家对大纲的要求就会有更好的理解，至少就某个教学单元而言，它与其他单元的关系……备课过程……（已经）……成为每一位教师的真实的学习过程；通过和七年级教师、七年级教务管理人员的交流，我们彼此都收获颇多。很多小学教师青睐“科学”这门课程，我们学到了“科学”课程的专业知识，也学到了我们期望的关于“读写”课程的专业知识。（Advocate，Cluster 11；Wyatt-Smith and Bridges，2007：44）

从上面的群发言可以看出，教师通过跨年级交流、跨学科交流以及跨身份交流（教师和领导者间的交流）来进行专业学习，齐心协力，获益匪浅。这样的专业对话和交流，关注“贯穿始终”的评价，致力于保持评价、课程和教学法三者的一致性，促进了全体教师的专业学习。下面引用的发言讨论的是关于教师的评价任务，涉及评价任务的大小和复杂程度，从中我们可以发现评价活动有时候会成为学生学习成功内在的巨大绊脚石：

……作为教师，我们大部分人最大的收获或许来自对评价任务范围的认识。确定了评价任务的范围然后再进行深入的挖掘，我们会意识到之前很多教师给孩子们布置的任务太大太泛，对他们完成任务的能力期望值太高。对评价任务范围的认识使教师能够对孩子们已经掌握的知识技能，以及学习新知识的能力做出理性的估计。(Advocate, Cluster 6; 2007: 45)

教师对学生已学知识和技能需要有理性的估计和检验：课程、读写和计算能力

很多文献指出教师会对学生已经掌握的知识和技能进行假设，但是由于他们没有进一步对学生学习新知识和新技能的能力进行检验，因此这样的假设反而会成为学生学习新知识的内在障碍。精心设计的摸底测试能够为教师提供有效的反馈信息，检验教师对学生已学知识和技能的估计，从而为教师设定切合实际的全体学生的教学目标提供指导。一位澳大利亚教师分享了他们在学校评价小组讨论会上如何确定课程和评价任务的读写要求。她谈道：

……确定学生需要掌握的知识和技能……由于很多是隐性的知识和技能，这对教师实际上颇具挑战性。教师感到棘手的另一个问题是确定学生已经具备以及尚欠缺的知识技能，而这一点跟学生的家庭和社会背景息息相关。由于很多教师来自白人中产阶级，他们并不能真正意识到有些孩子的家里甚至没有报纸……虽然他们对学生的家庭背景有大致的了解，但是远远不够深入，缺乏深切体会……了解学生生源的多元性，关注学生之间存在的(差异)，这是我们的教师应该提上日程的迫切任务。(Teacher, Cluster 15; 2007: 45)

教师通过长期的教学实践不仅获得了丰富的评价经验，而且积累了上面那位澳大利亚教师所指的制定课程计划所需要的隐性知识。教师应该将这样的隐性知识加以分享并使之显性化，从而为建立高质量的校园评价文化推波助澜。因此，教师需要对学生已学知识和技能有正确的认识，对学校以及周边学习团体的环境、其硬件设施和软件文化资源都有全面的了解。只有这样，教师才能有的放矢，为学生校内和校外学习的有机结合做出针对性的努力。下面这位教师分享的就是她和他们学校在“贯穿始终”的评价实践中“隐性知识显性化”的经验：

……设计任何评价任务时，你自己对学生已学知识的先入之见和假设都在其中起到了关键的作用。我认为我们的主要收获之一就是过去我们总是唠叨“我们需要了解教学和评价内容，我们需要了解教学方向、教学目标，但是我们却忽略了我们的关键任务之一是要了解我们的孩子，了解我们自己”……（Teacher, Cluster 15；2007：45－46）

下面引用的发言也触及类似的问题：教师意识到如果他们对学生已有知识的假设和预估存在偏差，某些时候就会“误读”学生的知识预储。因此在进行形成性评价时，如果能够在备课阶段以及教学的开始阶段就引入诊断性测试，无疑会对教师及时调整教学进度和方案起到良好的作用：

……你会想当然地以为（学生）具有某些知识和能力……比如，曾经有一次上课，我误以为来自农村的孩子们都会画泥巴地图，那天给他们布置的任务就是画泥巴地图。结果学生们一个个傻了眼，而我不得不用一半的课堂时间来解释什么是泥巴地图、怎么画泥巴地图等诸如此类的内容。所以，是啊，如果进行形成性评价，对学生已有知识做一个摸底和诊断性测试，就不会像上面这样对学生已学知识和技能做出错误假定。(Teacher，Cluster 5；2007：46)

预储知识是贯穿始终的评价理念中的一个广义的概念。它指学生在学习某一门课程之前就已经掌握了的知识技能：不仅包括课程知识和技能，还包括学生带到课堂上的与之相关的各种社会文化知识和技能。当然，在学校教育的转折阶段，由于学生来自背景迥异的各个学校，教师对学生预储知识的摸底工作会有难度。下面这位教师的发言指出：学生的知识预储受到多方面因素的影响，包括父母在孩子学习上的投入：

我们对8年级（高中一年级）的新生不甚了解，对他们初中求学的学校所教授的内容只有大致的估计，但是……我们从学生学习分布曲线中发现的一个重要特点是……有些孩子的知识储备大大超出了学校的教学内容，他们从父母那儿获得的知识比在学校获得的知识更多，尤其是与他们的种族相关的知识……(Teacher，Cluster 9；2007：46)

由此可见，教师通过贯穿始终的评价，不仅能够获悉学生带到课堂上的已经掌握的知识，而且能够有机会反思教师自己对社会文化背景的假定。从这一点出发，学生的多元性为教师如何开展课堂教学活动提供了参考，教师在课堂教学中应该同时关注孩子的课内知识和课外知识，引用下面这位教师的话，教师在备课时：

T：……孩子们在学习新的单元或者开始新的任务之前，我们

总是希望他们具有一定的知识和技能储备，其中的一部分……

T：……预储知识，以往学过的知识，以及……例如，我班上的一些孩子在某些方面（比如地图知识）明显比其他孩子强很多。因此教师需要做的就是确定孩子们以往的课程知识和技能水平，以及他们通过家庭、电视、报纸等各种渠道习得的知识和技能。这些知识和技能就是我们通过形成性评价加以确定的……(Teacher, Cluster 15; 2007: 47)

因此，一旦评价任务和方向确定下来，教学方法就呼之欲出了。教学活动就需要围绕着如何确保评价任务的质量展开……而现实似乎有些本末倒置，评价并没有真正起到指导作用，却往往成为教学单元结束时的附加品……(Facilitator, Cluster 1; 2007: 48)

明确评价要求对提升教学和学习大有裨益

如上所述，布置评价任务可以视为教学活动的终极目标。本节阐述的中心则是在教学伊始就明确评价要求对提升教学和学习大有裨益。教师可以通过对终结性评价任务的分析来明确学生完成该任务所必需掌握的具体的知识点和技能，包括课程大纲规定的知识技能以及顺利完成传统的纸笔考试或网上考试所必须具备的读写和计算能力。一位教师谈到如何通过教研组教师集体讨论“明确”评价要求：

……我们从保证评价质量开始讨论。在设计评价任务时，我们首先要明确对孩子的要求以及他们达到这一要求所需要的课时……以此为基础，我们教师需要制定检查清单，帮助学生熟悉任务标准，并且帮助他们在完成任务过程中以及完成任务后对照自己是否达到了清单上的任务标准……然后我们回顾教学质量，再次回到评价标准的问题：标准为学生完成任务设定了目标，学生在完成任务的过程中通过使用标准熟悉了评价任务的标准。从某种意义上说，设计评价任务在先，确定教学方法在后……(Facilitator，Cluster 1；2007：51)

我们并不是想在这儿建议教师在设计评价任务和制定评价标准时，预先详尽规定评价任务要求的方方面面，穷尽所有的细节。评价标准是为教学和学习提供一个总体的质量指标和目标——一套预期的评价标准。但是教师们都经历过学生带给他们的惊喜：学生可能会采用自己独特的方式更为出色地完成任务。这一点教师应该加以充分肯定。但是，预先规定标准的着眼点在于强调教师对任务，尤其是任务标准和要求，具有权威性的理解和要求。反过来，这也有利于评价要求在课堂评价“黑匣子”中发挥其应有的作用。有些教师在课堂教学中没有给学生提供足够的时间和机会，使他们通过学习和讨论学生作业或试卷范例等活动来明确任务标准和要求。在此我们建议师生共同讨论任务应该达到的质量标准。这样，学生通过教师的专业引导了解任务的质量指标，然后通过分析其他同学完成的任务样本积累评价经验，最后学以致用，对照标准、应用标准，才能更好地完成自己的任务。

这样的讨论和学习活动揭开了任务的神秘面纱，使学生对任务的要求和标准获得清晰的认识，这无疑为学生提高完成任务的质量提供了关键的信息。下面这位老师分享了她的教学经验，具体介绍了她如何通过这样的方式在课堂上把教学方法和评价任务有机地结合起来。这不仅对学习松懈的学生起到了良好效果，班上其他同学也都从中获益：

我做的一件特别的事就是我们有一个单元的主题是“太空”，我布置的评价任务是设计一个“太空棋盘游戏”。我们是这样操作的：首先建立一个任务手册，上面列出最终设计出成品所需要的每一个步骤和每一项课堂活动。这样班上的学生，特别是那些学习松懈的学生，就会对任务有整体的认识和计划。他们可以先浏览每一个步骤，然后开始行动“哦，我们现在在做这一步”。我个人觉得这个方法非常棒，它有效地调动了学生的积极性，无论是平时学习松懈的学生，还是那些希望在完成任务过程中多一点自主权的学生，都乐于投入其中。毫无疑问，我在今后的评价活动中会继续使用这样的方式。(Teacher, Cluster 12; 2007: 51)

另一个值得借鉴的方式就是向学生提供明确陈述的标准然后组织全班同学讨论，使全体同学都对质量指标了如指掌。下面这位老师的经验是把成文的评分标准发给全班同学，加强学生的参与感：

Y：…… 学生拿到了明确的评分标准后，完成任务的积极性提高了，动力增加了，效果大大超乎我们的预料：他们一旦知道如何拿到 A（我们没有用 A 这个词，这是学生们的用语），就加倍努力地去争取 A。我们作为老师也很兴奋。

……我们实际上给学生的是一个复印件，让学生把它贴在课本里供他们随时翻阅参考。当他们需要完成某一项任务时，比如做一项调查报告，他们就会不断地问：“呃，我需要完成几份调查报告才能拿到那个高分呢?”然后我们就鼓励他们翻书找到贴在那一页的评分标准，得到他们想要的答案。我们感到欣慰的是很多学生，包括那些成绩困难的学生都会提这样的问题。(Teacher, Cluster 6; 2007: 51)

前面提过，另一个主要的方法就是为学生打开评价“黑匣子”，向学生提供往届学生完成的任务范例，通过范例讨论标准，明确质量指标。整个过程师生都是共同参与的：

不，我以前从来没有尝试过在学生还没开始做他们自己的任务之前(就把往届学生完成的任务样本发给他们，让他们对照标准对任务样本给出他们自己的评价)。我以后每个单元都会做这样的尝试。这样做非常非常有效……但是我们不常给……嗯，我觉得我们不常给学生这样的机会，让他们了解别人是怎么做的。学生可以通过了解和学习其他同学完成的任务来提升自己。诸如，“嗯，这样做没错，他们是这么做的呀，他们是这样开始做的了，这就是为什么他们得到这样的结果。”即使是一部分平时学习热情不高的同学，也会说“我知道他们是怎样着手开始做的了，我会做得更好”。听到他们说这样的话，因为看到了同学的任务样本而下决心做得更好，我真是大受鼓舞，感觉很有成就感。现在，学生的任务样本和相关的评分标准以及关键词的分析都非常显眼地陈列在教室后面的墙上，这样学生就能更加明确一项任务的质量要求和完成这项任务的关键所在。(Teacher, Cluster 12; 2007: 51－52)

有些教师可能对如此开诚布公地在课堂上与学生讨论评价标准和任务质量感到不自在。我们并非在这儿提倡把任课教师作为资深评价者应有的权力下放给学生。我们想在此强调的是：如果学生在评价中具有一定的参与权和话语权，这会有利于提高他们的学习。确定学习任务的初期，包括确立评价内容和评价质量标准的显性指标时，就可以让学生参与进来。学生继而可以利用这样的信息，尤其是明确陈述的评价标准和相关范例，开展自评和互评活动，实现“以评促学”。教师受到的挑战之一是如何让学生学会自主学习。问题在于，如果学生不甚了解详细明确的评价依据，他们在自主学习过程中，应该对照哪些质量指标来回顾和审视自己的学习呢？如果他们对达到某一层次规定的标准不明不白，他们怎么才能有的放矢地去查漏补缺，为达到那一层次做出相应的努力呢?

而且，在任务设计时就明确评价要求有助于教师、学生或家长就任务质量和学习问题进行交流，也能使学校和家庭之间的沟通更加合理和有效。一位史地课的教师惊讶地发现当学生能够参与到关于任务质量要求的讨论时，学习热情高涨：

> *U*：我教的一门课程是9年级学生的“社会与环境”课，其中有一课是关于东南亚的，目前大家正在完成相关的评价任务。几天前我在班上与学生一起合作设计了评价标准的表格。我把评价这一“社会与环境”任务基本的标准分成几大类先发给学生：相关知识、获得这一知识的必要程序、交流。然后我问大家：“那么，你们觉得能拿到A的作业该是什么样子的呢?”我接着又对孩子说“我们应该用哪些词语来描述获得A这一等级的作业呢?”然后大家一起开动脑筋，出谋献策，之后确定了一个完整的词单，最后分门别类归到上述的三大基本分类中去。然后，我们在教室里继续进行这样的“圆桌会议讨论”，孩子们说“嗯，这就是我们心中B的评分标准，达到B的作业就应该是这个样子的，达到C的作业是这样子的”……(Teacher, Cluster 15; 2007: 53)

如果教师平时缺乏与学生分享标准、讨论标准的课堂实践经验，可以进行这样的师生交谈，教师和学生都需要进一步学习相关的专业知识。但是，一旦学生获得机会开展诸如上述的讨论，他们不仅能够提升自己的学习，也不再会把老师的反馈当成唯一的依赖。同时，平时学习松懈、甚至学习感到困难的学生也会成为这一教学法的受益者。下面的这位老师分享了她的实践经验：

> *I*：……能够根据学生的任务完成进展情况不断进行调整来满

足学生的需求，对我来说，这是最大的收益。因此在任务开始阶段和学生一起讨论任务标准时，我们会一起商量确定达到A的每一项具体要求。对于学习有困难的学生，为了鼓励他们也朝着A的方向努力，我就得进行特殊安排，不进入“个人完成—小组讨论”这一适合大部分学生的流程，而是根据他们的任务进展情况不断地为他们分配学习能力更强的更合适的搭档或者小组成员，使他们能够通过不同搭档或小组成员的帮助更好地完成任务。通过建立这样的一个流动“专家拼图模式”，学习上感到困难的同学就可以不再是孤军奋战，而是能够根据A的标准要求和同学的作业范例，和小组成员一起合作完成任务，达到标准。在完成任务的过程中，在向不同小组成员学习的同时，他们也能够对照标准要求为小组做出自己力所能及的贡献，通过这一模式最终建立自信。

G：那么效果如何呢？学生平时有给你一些反馈吗？

I：我能看到他们的进步。以前是孤零零地坐在那儿垂头丧气的样子，现在他们开始努力了，也有变化了（嘟嘟声把声音掩盖了），效率提高了，我能看得出来。流动分配小组的优势很好地体现出来了：通过与不同小组成员的合作，他们主观上愿意努力了，同时也找到了努力的方向和方式。他们甚至一改以前不合群的表现，开始主动融入到小组活动中去。这样，整个任务进程是流动的。(Teacher, Cluster 6; 2007: 53)

评价读写和计算能力要求的发现和培养呼唤课堂教学活动的多样化

这一节我们重点讨论：评价读写和计算能力要求，由于其往往是隐性的、不言明的，如何会成为学生学业成功的一块大绊脚石。我们借用“读写能力与课程的接口”这一新概念作为开场。它源于一项研究高年级教学课程设置的国家项目（Cumming et al.，1998；Wyatt-Smith and Cumming，2000，2003）。该项目研究的一个重要发现是："跨课程的读写能力甚至读写能力和课程这样的提法已经不合时宜了"（Cumming et al.，1998：12）。项目专家提出了"课程的读写能力"这一概念，其中的"课程"一词特别用作名词，而不是形容词，意指某一门课程和它的读写能力的接口，而不是一般含义上的与课程要求相关的读写能力，亦非指可以跨课程的某一项读写能力。举例说明，作者笔下的"科学的读写能力"，意指科学课程和读写能力的接口，更具体一点，可能是"物理课程的读写能力"，"英语课程的读写能力"或者"食品工艺课程的读写能力"（Cumming et al.，1998：12）。

更加确切地说，"课程的读写能力"这一概念的提出，表明我们不再盲目跟从大流把"读写能力"视为"流利"或者"博学"的同义词。相反，我们视"读写能力"为将听说读写、观点和批判性思维练习以恰如其分的、专业特定的方式融为一体的一个概念（Cumming et al.，1998：12）。

与此相关联的一个重要观点是：无论在教学还是评价中，包括形成性评价（诊断性评价和发展性评价）和终结性评价（以成绩报告为目的的评价），课程的读写能力要求通常都是隐性的、不言明的（Wyatt-Smith and Cumming，2000，2003）。一系列的研究表明，对于课程的读写能力要求，教师通常并未给予学生明确的指导，而是想当然地认为他们已经具备了这样的读写能力，达到了要求。而恰恰是这些要求却有可能成为学生开展学习以及获得学业成功的一块大的绊脚石。

当教师在思考课程的读写能力要求时应该问问下面的三个问题：

1. 学生需要有什么样的读写能力才能获得学习机会和参与机会？

2. 学生需要有什么样的读写能力才能顺利进行和完成评价活动？

3. 课堂学习必须具备的读写能力如何与完成评价任务必需的读写能力保持匹配？

这些问题能够引导教师进一步地思考如何保持评价、学习和教学三者的协调一致。确切地说，一致性为教师和学生如何学习和提升学习提供了努力的方向和方法。用体育作类比，这意味着不再把评价视作是对运动场上动作发生的检测，它更关注的是对动作本身的了解和命名：哪儿是目标、什么样的运动可以称为高水平运动，如何设定标准的高（低）。

设计决策

本章节列出了教师设计高质量任务应该具备的一系列特征（Wyatt-Smith and Bridges，2007，Appendix 1：77 – 79）。通过这些特征，我们可以了解教师如何在设计决策时保持课程、教学和学习、评价三者之间的协调一致性。每一项特征后面都列出了引导教师做设计决策的一些问题，这些问题着眼于设计以促学为目的的高质量评价任务的思路和方法。

这些特征也可以协助教师进一步研究如何更好地以评促学，鼓励学生开展自评和互评活动。教师也从中获得机会以诸如评价档案袋的方式采集学生的学习证据和成绩证据，这样的证据采集方式优于传统的作业或试卷收集方式。

特征一：一致性

• 评价机会或评价任务如何与官方的课程指南和学习要求保

持协调一致？

• 所要设计的任务涉及的范围是单一的学习领域还是跨学科领域，即包含两个或两个以上的学习领域的？

• 评价安排在一个学年的什么时间最合适？

• 完成评价任务从何种程度上要求学生用到已有的知识？评价任务能够有效地检测学生如何将已有知识和新知识有机地结合起来吗？

特征二：知识挑战和参与

• 学生学习、利用和创造知识的过程中需要使用哪些知识（某一领域的知识还是跨学科的知识）？

• 学生完成任务需要结合使用到哪些已有知识、技能和学习策略？（这一特征的缺失意味着评价从一开始就注定失败）

• 任务包括哪几个方面？需要学生确定信息、搜索信息和重新展示信息、解决问题、动手、在班上做演讲或演示吗？任务包括认知、审美、创造性思维、批判性思维等方面的哪些内容？

• 学生如何看待布置的评价任务：值得花时间去做吗？有实用性吗？例如，评价任务能和他们校外的各种社团活动结合起来吗？这些社团可以是实体社团，也可以是像博客、网上聊天室、游戏等网上虚拟的团体。

• 校外的哪些知识和经历可能会影响到孩子们对这项任务的参与？

特征三：评价的范围和要求

• 学生需要达到什么水平才有能力完成这项任务？任务的设计和要求是否考虑到学生水平的参差不齐？设计的任务设定了完成任务的质量的最低要求吗？

• 设计的任务具有良好的区分度吗？能有效地区分不同层次、不同水平的学生吗？

特征四：任务说明使用的语言

• 要求完成的任务，其完成的技术要求（口述或书面展示）在该学习领域内是可以达到的吗？

• 任务的说明是否公正无偏见（性别、种族）？

• 任务说明使用的语言（书面、口述、视觉材料）是否清晰易懂，是否考虑到学生不同的文化和语言背景，保证全体学生都能理解无误？

• 理解任务说明使用的语言需要具备特定的文化或语言方面的背景知识吗？如果需要，具体是哪些呢？

特征五：完成任务必须具备的读写能力

• 顺利完成任务需要具备的课程的读写能力有哪些？任务所评价的是哪些读写能力？（如何明确地向学生阐明这些读写能力要求，并且培养这些能力？）

• 学生需要用哪些模态？例如：在他们完成任务的过程中，需要获得和使用哪些书面语言、视觉语言、听觉语言？

• 完成任务要求使用的是一种（如书面）模态，还是多模态的结合（如：书面和视听相结合）？

• 学生需要使用数字化技术才能顺利完成该任务吗（例如，上网查资料、使用软件、网上交流）？

特征六：完成任务的环境和条件

• 任务与学生的校外活动和经历有关联吗？如果有关联，完成校内任务的环境和条件对学生的校外相似或相关活动的环境和条件起到了促进作用吗？

• 学生是独立完成任务，还是配对完成或小组合作完成？（对学生之间如何合作的监控是形成性评价重要的组成部分。）

• 学生需要什么样的资源（人力或物质）才能顺利完成任务呢？除了老师对任务的反馈，他们还能得到来自哪些方面的反馈？

• 学生上学期间能够在校内就获得这些资源吗？

• 还有什么资源是需要从校外寻找的？

• 顺利完成任务需要花费多长时间？

• 学生会跟老师和同学分享正在做的任务，来获得他们的反馈吗？

特征七：了解任务进行中和完成时的要求

• 学生在完成任务过程中获得了哪些信息和帮助：例如如何利用时间和资源去完成任务、检查任务？

• 通过什么方式向学生说明任务有哪些质量要求，教师会如何评判任务的质量？下面将提到的“标准描述”以及“任务范例”都是向学生传达任务质量要求的有效举措。

特征八：学生自评促学

• 如何向学生说明任务质量的要求？

• 如何教会学生对任务的进程进行自我监控——包括如何分配资源和利用时间？

• 如何教会学生对进展过程中的任务质量进行自我监控（通过什么方式让学生学会哪些方面需要改进以及如何改进）？

• 如何根据学生的年龄和年级特点，教会学生对全部完成了的任务进行质量评价？（例如对低龄学生，教师可以在课堂上引导大家对任务标准进行口述和讨论，并辅以真实的学生任务范例进行分析。对高年级的学生，尤其是当他们积极地参与到了标准的制定中去的时候。明确定义和陈述的成文标准可能更具实用性。）

特征九：评价信息的目的

- 从任务中获取评价信息有什么目的？
  1. 主要是形成性目的（促学）
  2. 主要是终结性目的（成绩报告）还是
  3. 形成性和终结性评价双重目的？

上述一系列特征意味着教师在设计任务时需要考虑到任务对学生的认知要求：任务对相应层次和水平的学生有智力上的挑战吗？也要考虑到任务的广度和深度：任务是否以及如何涵盖了所要评价的知识、概念、技能、理解能力、思考能力和批判性分析能力？任务的难度与学生所受到的教育程度相匹配吗？通过上面的问题，教师要确保所设计的任务能够检测出学生的一系列思维能力和理解力，确保学生能够通过完成任务获得机会来展示与他们年龄相符的批判性分析能力。

我们在协调课程、学习、教学和评价之间的关系时要以“面向未来”为原则。把握了该原则，教师可以独立地或者与教研组其他教师一起，检查评价任务是如何给学生以空间去展示他们应有的特征和态度的，以及它如何体现教育政策所规定的跨学科优先权。

最后，教师可以回到最初提出的那些问题上：那些有关何为证据的讨论，以及这些证据是否可以通过评价档案袋的方式来反映学生自主学习的过程和学习结果？在本书的第六章中我们会继续以上讨论。

本章小结

本章强调了将评价与教学和学习保持协调一致的重要性，同时用教师的现身说法来说明如何通过贯穿始终的评价和高质量的任务设计来保证三者之间的协调一致。

教学和学习可以与课堂评价活动（形成性评价和终结性评价）有机地结合起来形成一个师生共同参与的动态学习过程。这个方法能够使评价成为促使师生共同参与学习并且培养批判性思维能力的工具，从而使评价和教学同时成为整个学习过程中的重中之重。

思考题

1. 从学生的角度，以校内校外经历为例谈谈评价是如何支持学习的?

2. 我的计划中应该包含哪些方面?

3. 在贯穿始终的评价实践中，我需要做出哪些决策?

4. 向学生和家长明确说明评价要求会有风险吗?

5. 与学生一起制定具体任务的标准时，教师需要具备哪些知识?

6. 学生在什么年龄段就可以开始参与制定任务质量的课堂讨论?

参考书目

1. American Educational Research Association (AERA) (2000) *Protection Against High-Stakes Decisions Based on a Single Test*. Available at: *www.aera.net*.

2. Black, P. and Wiliam, D. (1998a) *Inside the Black Box*. London: King's College.

3. Black, P. and Wiliam, D. (1998b) 'Assessment and classroom learning', *Assessment in Education*, 5 (1): 7 - 73.

4. Black, P., Harrison, C., Lee, C., Marshall, B. and William, D. (2003) *Assessment for Learning: Putting it into Practice*. New York: Open

University Press.

5. Broadfoot, P. and Black, P. (2004) 'Redefining assessment? The first ten years of Assessment in Education', *Assessment in Education: Principles, Policy & Practice,* 11 (1): 7 - 26.

6. Cole, N. S. (1988) 'A realist's appraisal of the prospects for unifying instruction and assessment', in C. V. Bunderson (ed.), *Assessment in the Service of Learning.* Princeton, NJ: Educational Testing Service.

7. Cronbach, L. J. and Meehl, P. E. (1955) 'Construct validity in psychological tests', *Psychological Bulletin*, 52: 281 - 302.

8. Cumming, J., Wyatt-Smith, C., Ryan, J. and Doig, S. M. (1998) *The literacy-curriculum interface: The literacy demands of the curriculum in post-compulsory schooling.* Final report. Brisbane: Centre for Literacy Education Research, Griffith University and Department of Employment, Education, Training and Youth Affairs.

9. DEEWR, Department of Education, Employment and Workplace Relations and DETA, Queensland Department of Education, Training and the Arts (2007) *Meeting in the Middle—Assessment, Pedagogy, Learning and Educational Disadvantage. Literacy and Numeracy in the Middle Years of Schooling Initiative—Strand A, Project Report.* Canberra: Commonwealth of Australia. Available at: *http://education.qld.gov.au/literacy/ docs/deewr-myp-final-report.pdf*.

10. Elwood, J. (2006) 'Formative assessment: possibilities, boundaries and limitations', *Assessment in Education: Principles, Policy and Practice,* 13 (2): 215 - 232.

11. Gipps, C. (1999) 'Socio-cultural aspects of assessment', *Review of Research in Education,* 24: 357 - 392.

12. Glaser, R. (1963) 'Instructional technology and the measurement of learning outcomes: Some questions', *American Psychologist,* 18: 519 - 521.

13. Glaser, R. (1976) 'Components of a psychology of instruction: Toward a science of design', *Review of Educational Research,* 46: 1 – 24.

14. Glaser, R. (1986) 'The integration of instruction and testing', in Proceedings of the 1985 ETC invitational conference, *The redesign of testing for the twenty-first century.* Princeton, NJ: Educational Testing Service. pp. 45 – 58.

15. Glaser, R. and Nitko, A. J. (1971) 'Measurement in learning and instruction', in R. L. Thorndike (ed.), *Educational Measurement.* Washington: American Council on Education.

16. Harlen, W. (1994) 'Towards quality in assessment', in W. Harlen (ed.), *Enhancing Quality in Assessment*. London: Paul Chapman.

17. Linn, M.C. (1992) 'Gender differences in educational achievement', in J. Pfleiderer (ed.), *Sex Equity in Educational Opportunity, Achievement and Testing*. Princeton, NJ: Educational Testing Service.

18. Linn, R. L. (ed.) (1989) *Educational Measurement* (3rd edn). Washington, DC: The American Council on Education and The National Council on Measurement in Education.

19. Matters, G.N. (2006) 'Using data to support learning in schools: Students, teachers, systems', Australian Council for Educational Research: Camberwell, Victoria. Available at: *www.acer.edu.au/documents/AER_49-UsingDatatoSupportLearninginSchools.pdf*.

20. Matters, G., Pitman, J. and O'Brien, J. (1998) 'Validity and reliability in educational assessment and testing: A matter of judgment', *Queensland Journal of Educational Research,* 14: 57 – 88.

21. Messick, S. (1989) 'Validity', in R. L. Linn (ed.), *Educational Measurement* (3rd edn). London: Collier Macmillan. pp. 12 – 104.

22. Moss, P. A. (1994) 'Can there be validity without reliability?', *Educational Researcher*, 23 (2): 5 – 12.

23. Murphy, P. and Hall, K. (eds) (2008) *Learning and Practice:*

Agency and Identities. London: Sage.

24. Newton, P. (2012) 'We need to talk about validity'. Paper presented to the National Council for Measurement in Education Annual Meeting, Vancouver, Canada.

25. Pitman, J.A. O'Brien J.E. and McCollow, J.E. (1999) 'High-quality assessment: We are what we believe we do'. Paper presented at the IAEA Conference, Bled, Slovenia.

26. Sadler, D. R. (1989) 'Formative assessment: Revisiting the territory', *Assessment in Education: Principles, Policy and Practice*, 5: 77 - 85.

27. Schön, D. (1983) *The Reflective Practitioner: How Professionals Think in Action.* London: Maurice Temple Smith.

28. Scriven, M. (1980) 'Prescriptive and descriptive approaches to problem solving', in D.T. Tuma, *Problem Solving and Education.* Hillsdale, NJ: Lawrence Erlbaum. pp. 127 - 135.

29. Shepard, L. (2000) 'The role of assessment in a learning culture', *Educational Researcher*, 29 (7): 4 - 14.

30. Stenhouse, L. (1975) *An introduction to Curriculum Research and Development.* London: Heineman.

31. Torrance, H. (1997) 'Assessment, accountability and standards: Using assessment to control the reform of schooling', in A. H. Halsey, H. Lauder, P. Brown and A. S. Wells (eds), *Education, Culture, Economy and Society.* Oxford: Oxford University Press.

32. Wilson, M. (ed.) (2004) *Towards Coherence between Classroom Assessment and Accountability.* Chicago: University of Chicago Press.

33. Wyatt-Smith, C.M. (2000) 'Exploring the relationship between large-scale literacy testing programs and classroom-based assessment: a focus on teachers' accounts', *Australian Journal of Language and Literacy,* 23 (2):

109 - 127.

34. Wyatt-Smith, C. M. and Bridges, S. (2007) 'Evaluation study report', in DEEWR and DETA, *Meeting in the Middle—Assessment, Pedagogy, Learning and Educational Disadvantage. Literacy and Numeracy in the Middle Years of Schooling Initiative—Strand A, Project Report.* Canberra: Commonwealth of Australia. Available at: *http:// education. qld. gov. au/literacy/docs/deewr-myp-final-report. pdf*.

35. Wyatt-Smith, C. M. and Cumming, J. J. (2000) 'The literacy demands of assessment practices in post-compulsory schooling', *Literacy Learning: The Middle Years*, 8 (1): 21 - 32.

36. Wyatt-Smith, C. M. and Cumming, J. J. (2003) 'Curriculum literacies: Expanding domains of assessment', *Assessment in Education: Principles, Policy and Practice*, 10 (1): 47 - 59.

Web extras

1. Moss, P. A. (1994) 'Can there be validity without reliability?', *Educational Researcher*, 23 (2): 5 - 12.

2. Rust, C. (2002) 'The impact of assessment on student learning: How can the research literature practically help to inform the development of departmental assessment strategies and learner-centred assessment practices?' *Active Learning in Higher Education*, 3(2): 145 - 158.

第五章
调整以及标准的使用

概　　述

本章我们定义调整和标准的使用，描述它们的主要目的和过程。我们解释调整的各种模式，提供调整的不同范例，以及他们在各个教育阶段（低龄教育到高等教育）的使用。

我们会提供一些系统和学校层面的调整实例来说明如何在调整实践中兼顾调整的一致性和可比性以及如何结合使用标准、证据和范例。在本章小结部分，我们会探讨在网上调整实践和标准使用的可能性。

引　　言

调整的目的有哪些？调整实践如何致力为教育问责和提升学习服务？本章我们聚焦支撑本书的这些主要问题。我们说明如何采用调整实践的各种模式来保证评判的可靠而有效以及评分者间的高信度。我们研讨调整后的评判以何种方式支持教师使用标准，并用于系统各个层面的成绩报告（包括从小学教育到中学教育一直到大学教育的各个阶段）。我们同时也探讨如何进行调整来帮助教师提高课程教学的质量，指导他们的评价实践。我们在本章小结中，通过利用信息和通信技术使用标准的一个范例，剖析了进行基于证据的教师评判的可能性。

首先，我们关注调整在系统层面的目的以及过程，解释教育系统如何通过调整来保证教师做出的标准参照性评判具有一致性和可靠性。由于调整与评价任务的设计和实践相关联，我们也分析和探讨如何通过多种模式的调整支持和提升教师的质量。在调整实践的过程中，教师需要审慎地检查自己的教学内容和方法以及所采用的评价内容和手段，包括所设计的评价任务在内，从而确保全体学生能够有机会取得最佳学习结果。这样的调整实践过程中，评价的质量和公正就是首要任务。本章通过引用研究证据，提供调整过程的实践范例，进一步明确了评价和课程、教学和学习的关系。

调整实践

调整可以通过不同的模式进行：传统的面对面调整会议、借助信息和通信技术的网络会议（信息和通信技术辅助调整或在线调整）或两者的结合。根据不同的调整模式，调整实践可以在不同的环境和条件下进行。例如，调整可以在学校内进行，称为校内调整；调整也可以跨越地区和特定的环境，在学校之间进行，称为校际调整。信息和通信技术辅助调整不受地域的限制，可以使调整实践扩展到一个国家不同的地区乃至不同的州或者领土。由此产生的一个问题就是地域差异，在不同的地区，人们对调整的理解会有偏差，调整的目的以及实践方法也不一致。

调整的目的

教育的各个阶段，从低龄教育（Woods and Amorsen, 2011）一直到高等教育（Sadler, 2009），都需要进行调整。不同的背景下，调整的定义也不尽相同。但是不论差异如何，调整的定义和目的都带有明显的共性。例如，调整被描述为：

- 质量审查和质量保证的过程；
- 质量控制的过程；
- 加强教师评判一致性以及不同评分者、不同部门、不同环境下评判结果可比性的过程；
- 告知如何改进课程、教学和学习的过程；
- 告知和支持预期的表现或规定的标准的方法；
- 教师设计评价任务和给学生作业或试卷评分的助手；
- 同行审查（以解释教师对学生作业或试卷的评判依据和评判方法为方式进行）。

分析上面的种种描述，可以发现调整的定义和目的可以分为两大类。

第一类关注的是解读评价任务的标准或质量特质的一致性以及专业评判的可比性。也就是说，可靠而有效的评价不仅应该符合官方制定的标准，还应该保持相互之间的一致性。调整的这一作用旨在保证评判的一致性、可靠性，以及评判证据的可追溯性（以学生的回答为依据）。这些目标与调整实践的问责功能相关。调整就是检查质量、保证质量。

第二大类认为改进教师评价实践和教学实践的调整，其最终目的是通过质量控制来提升学习。这样教师能够在教学的不同阶段定期进行调整研讨来改进教学，从而提升学生的学习。简言之，调整是整个高效教学和学习过程中不可缺少的一个环节。

什么是调整？

调整，也称为“社会调整”（Linn, 1993），是教师就评价任务的质量解读进行研讨和争辩的过程。这一过程包括教师分享对标准的解读，给出所做评判的理据，最终在评分、质量证据等方面取得一致的看法。

因此，教师通过调整实践，能够说明他们是如何解读学生完成的任务的质量的。

“共识调整”是用于描述这种社会调整的一个术语。虽然强调共识，但是异议不可避免。当教师开始研讨他们的评判实践时，或者将他们对标准的解读公布于众时，就会发现人们对既定标准会有各种不同的解读。而正是通过这样的分歧和争论，人们对标准的解读才会有新的理解和认知。这一评价实践的社会文化观，与实证主义者的理论范式相悖，体现的是解读主义者的观点。因此，从解读主义者的视角出发，评价是一种社会实践，文化背景、信念和价值观都会成为影响评判的因素。这些观点和研讨在本书第三章中已有深入的探讨。

背景

谈及调整的定义、实践和目的，很多作者都会引用林（1993）的著作。20 世纪 90 年代，人们开始呼唤评价方式的多样化。林把调整看作是一种连接的纽带。他用了 5 个例证来阐明人们需要采用不同的方式对不同背景下产生的评价结果进行比较（Linn，1993：83）：等值、校准、统计调整、预测以及社会调整。林指出，这 5 类调整代表的是统计意义上的一个严谨的连续体，等值在连续体的一端，代表最高程度；而社会调整在连续体的另一端，它完全取决于专业评判。

自从林提出了他的这一调整分类，更多有关专业评判的研究和理论涌现出来。人们开始热衷于行为表现评价，设计出以开放式题目或者解决问题式题目为代表的“丰富”的评价任务。随之而来的是以评价为目的的各种专业评判的需求增多。这一类行为表现评价依赖的是教师给出的评判，这与以多项选择题或者短答题为主的标准化评价形成鲜明的对比。

林（1993）把社会调整称为“共识调整、检查核实”。他指出他的统计评价观（等值、校准、统计调整、预测以及社会调整）有别于

“完全依赖教师给出评判的评价观”（Linn，1993：97）。他认为社会调整就是“根据一个通用标准框架对各个任务的行为表现……进行评分，根据统一的标准做出解读”。他援引了一个写作评分的例子加以说明：不同地区或者州使用的写作题目不同，但是评分标准相同，“是全国统一的评分标准”（Linn，1993：87）。社会调整的具体要求如下：

• 以标准所陈述的意思以及符合标准的行为表现范例为依据，达成共识。

• 召集评分意见不一的人员，一起研讨做出调整。

• 把地方教师的评分与其他评分者的独立评分进行比较，然后以后者为标准，对地方教师的评分进行调整。

• 比较不同的评分者对不同答案的评分，找出共同点，整理成文作为评分标准的共同依据。（Linn，1993：87）

根据林的观点，社会调整需要各个州，或者是由若干州组成的各个地区，根据统一的课程要求或者内容框架，共同开发行为表现评价任务。对专业评判的检查和核实应该确保“对学生、学校、地区和州的个体行为表现的评判以全国统一制定的标准为标准”（Linn，1993：87）。

因此，在社会调整实践中，来自不同学校的教师应该举办研讨会：教师把自己学生的评分作业或试卷带到会上，通过研讨和争论，大家对标准的理解越辩越明。通过这样的研讨会，教师对标准的解读达成共识，从而对之前的评判根据新的理解做出调整或者进行修改（Newton，2007）。

教师对学生作业或试卷的评判包括三个要素：教师仔细阅读学生作业或试卷；根据一定的背景或参考框架作出评价；给出明确的回复。例如，可以把该学生的作业或试卷发放给全班同学（进行批改评分）

(Sadler, 1998)。在教师评判学生的作业或试卷时，教师需要用到下面的资源，包括知识和经验：

> • 拥有比所教授的内容更高层次的知识。
>
> • 洞悉评价任务的标准（或行为表现的要求）。
>
> • 了解以往学生完成类似作业或试卷需要付出的努力，并且积累了对之做出评判的评价技能或专业知识。
>
> • 具有良好的教学态度和素质，包括：能够与学生进行换位思考，设身处地为学生学习着想，愿意帮助学生进步，重视学生对教学和教师评判的反馈，努力使自己的评判做到真实准确，帮助学生时注重方式，摸索出一套为学生提供帮助的特有的方法等。(Sadler, 1998: 80－82)

从上述视角出发，教师的评判实践，是高质量的评价任务的有机组成部分。通过评判实践，教师不仅可以洞察学生学习的关键步骤，从而帮助他们提升学习，而且能够摸索出改进教学的最佳方法，从而更好地满足学生的个性化学习需求。由此可见，教师通过评判实践成为促成变化的主要推动者（Sadler, 1998)。这种以促学为目的的课堂评价要求教师采集评价数据，为改进教学和提升学习服务（Hattie, 2005)。要保持系统层面的问责以及地方层面的实践两者的一致性，离不开教师的评判以及对相关评价数据的解读。

众所周知，人们对标准描述语的解读各异，因此标准也需要有高质量的评判作为支撑。就这一点，塞德勒（1987）指出，标准提供的只是默会知识，而学生作业的样本或者范例则为标准提供了具体的参照。标准描述辅以学生作业样本，能够为教师对不同的任务给出的标准或者等级（A 到 E 中的某个具体等级）提供理据。

进入 21 世纪，世界各国在制定全国统一的课程和评价体系时愈加着眼于未来，强调培养学生知识、技能和理解的综合发展。在这一改革背景下，任务型行为表现评价开始出现并且日渐盛行。从本质上说，行为表现评价基于标准以及教师评判和调整。由于辅以调整的教师评判实践过程错综复杂，本章对每一个环节所使用的每一个基本资源的作用，以及过程本身的作用都进行了独立的描述。但是在实践过程中，他们是相互联系、相互交织而又不可分割的。

调整的过程

人们通常认为，基于学校、基于教师的评价是具有效度的评价，但是评价的信度取决于评价的过程，包括旨在保证评判一致性和可比性的调整过程等。要确保评判实践中评判结果的可比性，需要通过调整。调整的过程中，对标准的理解要达成共识，对基于标准的行为表现要给予一致的评判（Maxwell, 2009）。通过这样的调整，评价的对接性、一致性、可比性和促学性才得以保障。由于评判的信度和效度至关重要，我们下面就调整的过程分节进行研讨。首先我们对保障评价对接性、一致性、可比性和促学性的这些资源（标准、证据和范例）的作用分别进行阐述。

标准

标准在调整过程中的作用是什么?

标准描述的是各个层次的行为表现所规定的质量特征。标准的作用是在教师评价不同层次的学生作业或考试的质量时提供决策帮助。标准提供一整套明确陈述的共同参照点供教师使用。教师通过一段时间的团体实践，解读和应用标准，逐渐理解标准所描述的真正含义。在设计评价任务时，标准对提供教和学的信息也起到了非常重要的作用。在教学—学习的一个周期中，教师与学生分享标准，让学生明确作业或试卷的质量要求和努力目标。这样，标准就成为教师的反馈与学生的自评和互评之间的纽带。

证据

证据在调整过程中的作用是什么？

评判过程中使用的证据可以有多种形式，包括：书面的、多模态的、口述的、行为表现的和数字化的。由教师来决定与学习、教学、评判、成绩报告相关的证据。无论是形成性评价或诊断性评价，还是终结性评价和成绩报告，决策的原则不变，证据始终要与评价目的相对接。证据与学习和教学活动息息相关，因而要能够反映标准规定的质量。证据与标准的关系必须清楚地表达出来。反映行为表现的特征或特质的证据应该在学生的作业或试卷样本中清晰可见，才有利于教师做出评判，给出分数或等级。证据应该明确直接，可供他人审核检查。只有当证据与标准能够直接明确地对接起来，评判的一致性才有实现的可能。这样的评判才有理据、可辩解。

范例

范例在调整过程中的作用是什么？

范例可以帮助阐明标准的要求。一系列代表不同等级和分数的范例有助于教师理解具体等级或分数的标准要求。范例由教师或者系统给出，它能够提供教学和学习信息，并且对说明标准的不同档次起到关键的支持作用。因此无论对学生还是教师，范例都意义匪浅。范例的最佳使用是在范例上给出注释性的评语，说明评分的理由，这就包括明确地说明范例的哪些质量证据符合标准要求的质量指标。与此同时，评语也能够解释教师如何平衡各个质量指标最终给出某个等级或总分。

一致性

教师评判的一致性是什么?

在调整以及教师的专业评判过程中，一致性指的是两个或多个教师对同一份学生任务的评价在评判过程的最后环节就给出的等级或分数达成统一。要做出“相近”的评判，并且用同一个分数或等级表达出来，这就要求教师对学生任务中表现出来的质量特征以及标准中不同档次的质量指标有统一的认识。如果判断具有一致性，就说明教师的评分决定具有可比性。“一致性”一词并不意味着教师的评判过程一致。相反，人们普遍承认评判过程可以因教师而异，也可以因评判环境和条件而异。正如本书的一贯主张，从解读主义的视角出发，评价和调整是一种社会实践。一言以蔽之，一致性是科学应用标准的结果。

可比性

调整如何能够保证教师评判的可比性?

调整要求教师就如何应用标准给学生作业或试卷评分展开研讨。这样的研讨会议可以在学校内部举行，也可以在学校之间甚至是几个学校组成的一个联盟举行。研讨会议的形式可以是面对面的传统会议，也可以是信息和通信技术辅助调整的网络会议。一般情况下，教师在调整研讨会议之前就需要给学生的作业或试卷做出评价，给出具体分数。调整的重点就是通过研讨学生的作业或试卷明确证据与标准之间的关系并将双方对接起来。

调整强调的是评判学生任务时对标准的合理应用，这是系统和地方为达到评判的一致性和可比性所做出的努力。在调整过程中，学生完成的评价任务之间的直接比较无济于事。我们的重点在于证据和标准的对接。正是通过不断的、长期的调整实践，教师才能对如何在不同的环境和条件下应用标准达成统一的认识。教师通过调整实践可以提高应用标准的能力，更好地保证评判的可靠性。因此调整实践有助于教师提高评判的自信心。同时，通过各种调整实践，教师也能够检查评判任务的质量，确定评判任务本身在何种程度上以及在何种环境和条件下，给学生以空间来展示他们的真实水平。

调整的作用还在于为系统提供质量保证。从根本上说，调整为各位教师给出的评判之间的可比性提供了落实问责的机制。在这一问责环境下，如何保持校本和校际应用标准的一致性成为重中之重。要对评判结果的可比性进行检查核实，这就要检查教师的评分信度以及应用标准的跨时间一致性。在学生完成的评价任务中不明显的证据不应该成为影响评判的因素。

对接性

如何在评判过程中达到对接性?

教师之间如果能够统一意见，将证据和标准对接起来，这就意味着他们对标准的解读达成了共识。这就是评判的对接性。对接性的达成不可能一蹴而就，需要经过教师长期的实践。期间，最根本的方法就是教师展开研讨，确定证据是否反映出标准所要求的特质。因此教师需要明确地说明学生的作业或试卷如何达到了标准的要求，从中也能了解达到标准要求的各种方式方法。教师所做出的总体评判是综合考虑了学生的作业或试卷中体现的各种证据并加以权衡的结果。教师给出的最终的分数或者等级反映的是证据和标准要求两者最佳对接的结果。

达不到对接性该怎么办?

教师评分意见的分歧，通常源于他们对标准不同的解读。应该鼓励教师在研讨中说明自己是如何应用标准就学生的作业或试卷做出评判并给出具体分数或者等级的，而这一过程的关键就在于如何将证据和标准对接起来。有的时候，教师之间意见不一可能意味着教师在评判过程中考虑到的一些因素并非基于学生的作业或试卷中所表现出来的证据。这个时候，研讨的重心就可以放在这些非证据因素如何对最终总体评价产生影响，以及如何对评判的公正性产生影响上。

提升学习

调整的过程如何成为提升学习的过程?

当教师在调整过程中学习标准、应用标准时，他们与学校的同事们共同分享对标准的认识，研讨如何在设计评价任务或者提供评价机会方面应用标准。当他们认为自己能够真正地把握标准时，他们就会有足够的信心将所理解的标准应用到自己的教学中去。他们首先关注的是学生完成评价任务应该达到的标准要求，然后根据要求去设计教学，帮助学生取得学习成功。这就意味着教师的教学要与评价挂钩，包括向学生传达标准，使他们能够有机会根据标准去检查自己完成的任务的质量，并根据反馈加以改进，学会在学习中自我监控、自我评价和相互评价。

调整的模式

调整是为了促进评价的一致性，并且帮助教师通过实践提高评价的自信心。不同的调整模式适用于不同的目的和背景。下面介绍几种具有代表性的调整模式。

校准模式

使用调整的校准模式，教师需要首先选出一系列学生作业或试卷的样本，然后由教师本人对这些样本独立地做出评价，给出分数。之后就可以开始校准了：召集教师讨论对这些所选样本的给分。他们比较自己的评分和其他教师对同一样本的评分之间的异同。在研讨过程中，各人需要根据标准对自己的评分做出解释，给出理据。通过这样的专业互动，他们可能会首先调整自己对标准的解读，进而统一对样本质量的解读，最终达成对标准的共识。教师需要首先达成这样的共识才能给自己班上的其他学生评分。这时，教师对标准的解读就是经过校准的。由于教师对标准达成共识在先，对其他学生的作业或试卷给出评分在后，这一校准模式是一种高效模式。但是使用校准模式给出质量评判这一过程教师难以独立完成。

研讨模式

使用调整的研讨模式，教师需要对学生作业或试卷进行独立评分，然后选择具有代表性的样本（包括他们对 A～E 各个等级标准的应用和理解）带到研讨会上。教师分享他们的评分样本，基于标准给出评分的理据。研讨会通过使用共同的语言进行专业的交流，达到对标准内容和应用的统一认识。当教师检查自己之前对样本给出的分数时，他们应用的标准就是经过研讨后达成共识的标准。通过研讨，教师得以与同行们进行专业的交流，但是由于对学生作业或试卷给出评分在先，对标准达成共识在后，教师在研讨会结束之后需要对一部分学生的作业或试卷进行重新评价，给出新的分数。

专家模式

顾名思义，这一调整模式由专家来引导。专家就一系列具有代表性的教师已经批改的学生作业或试卷的样本，基于专家自己对标准的理解和应用，对教师所给出的等级（A～E）提出建议，内容包括教师对标准的解读和应用是否一致，教师是否需要调整他们对标准的理解，以及为什么需要调整等等。教师根据专家给出的建议来检查他们自己之前给出的评价是否合理。这一模式凸显了教师对标准达成校内统一认识和应用的必要性。但是，专家模式的使用意味着教师与同行们进行专业交流的研讨机会缺失了。这一模式适用于校内评价调整，但不适用于跨地区或州的评价调整（QSA，2010）。

调整体系

在澳大利亚和加拿大的一些州，调整实践的历史悠久。在这些州，调整不仅致力于为问责服务，而且旨在改进教学和提升学习。通过参与调整实践，教师得以反思自己的教学，并从中发现改进教学的契机和方法。下面援引的一个成功的调整案例，是澳洲昆士兰在过去的40年进行的调整实践。我们称之为昆士兰体系，它是经过外部调整的校本评价体系，使用的是标准化测试——昆士兰核心技能测试（the Queensland Core Skills Test），其测试成绩作为高校入学排名的依据。

昆士兰体系

本章节以昆士兰体系为例，介绍调整的目的、过程和模式。该体系是针对高中（11年级和12年级）学生实行的外部调整及标准参照性评价体系。这在澳洲乃至世界各国都是独一无二的。1972年起，昆士兰所有学校不再参加12年级末（16～17岁）举行的外部考试，而是全面开始实行校内考试体系。在昆士兰，从幼儿园阶段一直到高中阶段，教学、评价和成绩报告均由教师负责。高中学生的教学和评价虽然也由本校负责，但是基于学校的课程和评价受到全州统一的质量保障框架体系的严格监督。校本课程的设置和评价的质量受到系统层面的质量监控。

昆士兰教育研究会（the Queensland Studies Authority）（QSA）是昆士兰政府部门的一个独立的法定机构，负责经外部调整的校本评价以及高中证书的颁发。由昆士兰教育研究会制定高中教学大纲，指定教师教学内容以及设定评判标准。教学大纲的“制定基于符合政策法规、体现专业水准两大原则”（QSA，2010：12）。昆士兰学校教师根据规定的教学大纲和指南制定具有持续性的教学计划，对学生的学习水平做出评价，包括以成绩报告为目的的终结性评价。教师同时也摸索如何安排课程以最大限度地满足学生学习的需求。支撑该体系的操作手册详细说明了操作原则、方案、流程以及策略（QSA，2010）。该手册对新到昆士兰的教师以及第一次接触昆士兰体系的教师格外有用。这一校本评价体系视教师为开展评价活动、连接评价和学习的主体。

高中每一个年级的教学大纲都以保持教学、学习、评价和成绩报告之间的协调一致作为目标。为达到这一目标，大纲提供与总体目标、标准、课程内容以及评价要求等相关的重要信息。总体目标明确说明学生某一课程结业时应该达到的水平。同时，每一门课程的目标都会根据课程的主要特征细分为几个维度，每一个维度都规定了与课程总体目标相关的该维度应该达到的水平和质量。大纲不仅包括每一门课程教学内容的核心要求和规定要求，还包括评价要求，并且就如何达到总体目标和课程结业标准给出了建议。

基于标准的评价

整个评价体系基于标准，这意味着教师对学生作业或试卷的专业评判和最终给出的学业成绩等级具有举足轻重的作用。高中教学大纲保证教师对学生学业成绩的评判基于大纲规定的标准要求。标准的制定来源于学生完成的任务并且对其特征做出了描述。确切地说，某一课程结业的要求：

- 规定学生在该课程结业时应该掌握的内容或者应该具备的能力；
- 描述学生完成的任务应该具备的质量特征，为教师确定学生是否达到课程要求提供指南；

• 为教师向家长或监护人汇报孩子的学习和学业成绩提供有效的方法；

• 为学生的学习提供指导，帮助他们提高自我监控学习的能力；

• 向学生、家长或监护人公开说明教师评判的理据，从而提高评判的透明度。（QSA，2010：13）

在这一体系内，教师评判学生学习成果，给出学业成绩等级的最佳途径就是洞悉大纲规定的课程结业要求和评价要求，并且以多种方式采集、积累学生学习成果的证据，使之与标准对接起来。

使用标准的专业评判

教师的评判是评价的中心。教师的任务之一是采集学生学习成果的证据，这是教学、学习和评价方案的有机组成部分。教师在做评判的时候，需要将学生的作业或试卷中表现出来的特征作为证据，与大纲规定的标准描述对接起来。同时教师在给出最终评判时需要做出综合考虑，权衡学生一系列作业或考试的质量。为了保证教师在校本评价和校外评价中的一致性、客观性和透明度，教师应该：

• 确定评价的总体目标；

• 保证评价内容的广度，能涵盖大纲要求的范围；

• 制定与评价工具相应的评分表，便于教师批改学生的答案；

• 向学生提供与评价工具相应的评分表。（QSA，2010：13－14）

教师给出的学生成绩需要记录存档。为了将成绩与对接起来，教师可以采用数字、字母代码或其他符号来记录，但是无论哪种方式，都必须清楚地显示出学生的反馈与大纲规定的标准描述的对接。在专业评判中，教师应该明确说明学生完成的任务中表现出来的质量特征如何与大纲规定的标准描述对接起来。在这一体系中，高中教师应该向学生、家长或监护人以及其他检查小组的教师明确说明要求是什么，评判是怎么做出的，评判的理据是什么。

学生学业成绩等级的确定

教师检查学生在学习期间完成的任务（包括不同类型的任务、不同条件和背景下完成的任务），对学生的任务质量做出综合评判，确定学生学业成绩的总体水平以及在各个维度所达到的水平。教师应该明白，在评价过程中“简单地将学生某一课程的各种成绩进行累加，并不能判断出学生在该课程各个维度上达到的水平”（QSA，2010：14）。

为了确保教师给出的学生学业成绩等级在校内或校际都具有一致性和可比性，教师就需要在调整研讨会议上进行专业的交流，讨论学生完成的任务中表现出来的质量特征如何与大纲规定的标准描述对接起来。“大纲所规定的课程结业标准为这样的校内或校际开展的专业交流提供了共同语言”（QSA，2010：14）。

校本评价和系统评价的一致性和可比性

在学校层面，教师在调整研讨会议上重点考虑学生作业或试卷的质量与大纲规定的之间的对接一致，确保各个班的教师对的应用具有一致性，对学生学习成果给出的等级评定具有可比性。检查学生该课程一系列作业或试卷的目的在于：

- 分析比较学生学习成果与课程结业标准描述之间的对接程度；

• 评价比较给出的质量评判与大纲要求的课程结业水平之间的对接程度。

在系统层面，教师选择一部分具有代表性的学生作业或试卷样本，用以说明学校如何将学生的学习成果与大纲要求的课程结业标准描述对接起来。学校将这些学生样本上交给昆士兰教育研究会审核小组，由他们检查学校给出的质量评判和等级评定的证据（QSA，2010：15）。审核小组检查完毕后给学校反馈信息，就以下几个方面提出建议和指导性意见：

• 评价内容是否涵盖了大纲规定的范围。

• 评价是否给学生充分展示自己的机会，是否达到了总体目标，是否掌握了大纲涵盖的内容范围。

• 质量评判和等级评定是否合理应用。（QSA，2010：15）

昆士兰体系的显著特征

昆士兰体系具有 8 个主要特征，概括如下：

第一，昆士兰大纲规定了课程教学目标和课程教学的核心内容，以及达到课程结业水平 5 个等级的。同时，学生一直到 12 年级末应该完成的评价任务也由昆士兰教育研究会负责开发和批准。

第二，由学校制定的教学计划和评价方案需要获得课程审核小组的批准。组员为来自其他学校的教师，经过昆士兰教育研究会的培训。昆士兰教育系统的每一个学区，都设有由教学经验丰富的资深教师组成的课程审核小组。系统所在的 13 个学区共有 393 个区课程审核小组，51 个州课程审核小组。课程审核小组检查学校制定的教学计划是否符合大纲要求，也检查各学校根据学校的特点，为满足学生的个性化需求所制定的超纲计划。同时，审核小组还对评价方案以及评价工具的实施进行检查，确定评价实践符合相应的大纲要求。

昆士兰体系的第三个特征是 11 年级末实施的标准监控。每一所学校都要把 11 年级每一门课程的学生评价任务的评分样本上交给课程审核小组接受检查。审核小组把检查意见反馈给校长，包括经批准的教学计划是否认真执行，学校开发的评价工具是否有效，学校教师就学生的课程水平做出的评价是否具有信度和效度。课程审核小组的所有这些反馈意见都在 12 年级开始之前给予。如果有学校需要帮助，由昆士兰教育研究会提供相关培训和实践范例。

昆士兰体系的第四个特征是对 12 年级学生学习达标情况的检验。在第三个学期末，各个学校向昆士兰教育研究会上交一份根据详细要求制作的学生任务样本资料，由区审核小组对每一门课的资料进行检查，检查该校对阶段学习成果的评判，以及学生任务样本是否达到大纲的要求。审核小组成员来自其他学校经过培训的资深教师。学校给学生评定的课程结业水平要获得认可，必须经过各个审核小组组长以及昆士兰教育研究会官员的检查。然后由昆士兰教育研究会工作人员向各校校长书面传达审核小组检查意见。根据需要，昆士兰教育研究会的工作人员可以要求学校上交学生任务样本补充资料。

第五个特征是昆士兰核心技能测试。该测试综合检测学生 11 年级和 12 年级各门课程的共同核心知识要点（Common Core Elements）。它包括两份多项选择测试、一份短答题测试和一份写作测试。综合测试时长共 7 个小时，连续两天答完。时间安排在 12 年级的 8 月份。测试成绩分为 A 到 E 五个等级。

昆士兰使用高校入学排名表，包括 25 分制（1～25 分）的一项综合排名（即总排名）以及 10 分制（1～10 分）的 5 项分项排名（即专业排名）。排名以昆士兰核心技能测试为依据来衡量经过外部调整的校本评价。这就是昆士兰体系的第六个特征。

另一个特征是经过调整的标准与昆士兰核心技能测试标准两者之

间的比较。昆士兰教育研究会将昆士兰核心技能测试的成绩分布与经过外部调整的校本评价成绩分布进行比较。如果两者不符，昆士兰教育研究会对高校入学排名重新计算，做出相应的调整。如果发现两者不符是由学校的评价方案所致，昆士兰教育研究会工作人员会组织学校相关人士参加培训。

最后一个特征，昆士兰教育研究会采用分层随机法选取昆士兰州12年级学生的任务样本资料，由来自不同区的审核小组成员进行检查。这是高中毕业证书颁发之后的一个质量保障环节。如果发现校本评价存在问题，昆士兰教育研究会工作人员会与校长沟通，提出合适的处理方案和措施。

安大略体系

和澳大利亚昆士兰州一样，加拿大的安大略省也强调教师是教学的核心，认为教师最熟悉学生的学习情况，关注他们点点滴滴的进步；就如何改进教学最大限度地满足学生的个性化需求，教师最有见地，最具发言权。因此安大略省大力支持教师的评价调整，为教师实施调整提供了详细的操作指南以鼓励教师在评价过程中的协力合作：加拿大课程服务中心（Curriculum Services Canada）向教师提供了多媒体资源包，包括书面资料、视听材料和微软ppt演示文稿，鼓励教师在实施调整过程中根据资源的指导按步进行。

安大略省的评价调整是在学校层面完成的，这一点与澳大利亚昆士兰州的高中评价模式不同，后者的评价调整是在以颁发证书为目的的系统层面进行的。

安大略体系鼓励教师在调整实施之前就如何设计评价任务展开研讨，保证评价任务能够与课程要求衔接起来，从而有效地检测学生对知识的掌握情况，为改进学习提供反馈信息。教师在研讨会上，同时需要确定具体的评价工具和评价资源，建议包括：评分标准、核对清单、校内评价或者地区联考、参照测验、理论基础以及安大略高效教学课程指南（Ontario Curriculum Guides to Effective Instruction）（The Literacy and Numeracy Secretariat，2007）。

一旦评价工作告一段落，教师就需要确定实施调整的时间。完成评价之后，教师应该尽可能及时地给予学生反馈，发挥评价对学习的正面反拨作用。建议教师复印学生的作业或试卷带到会议上做研讨之用。一旦确定了会议地点，准备好会议材料，就可以召集调整会议了。首先，需要任命一位会议组长制定会议流程。

调整过程的重点是学生任务的书面样本。会议开始，先由一位教师朗读学生所完成任务的书面描述，与会者通过“聆听”感受其流利度和难易度。然后大家一起根据事先制定的标准做出评价，给出分数。评分时教师不仅需要兼及四个评分等级中描述的四大知识和技能模块，还需要参考参照测验、理论基础、评分标准、课程文献等其他支持性材料。教师也可以适当地介绍学生的背景资料以及完成任务的背景，但是为了避免偏见和预断，切勿公开学生的姓名。会议应该本着彼此尊重的原则通过研讨达成对评价标准和评定等级的统一认识。研讨中建议使用学业成绩表上使用的专业词语，即“有限的”“一些”“相当的”“高度的”。大家一起讨论学生业已掌握的强项、尚需弥补的漏洞、数据显示出的模式和趋势等。根据课程要求和学业成绩表，教师们共同商定学生的进步目标，探究并分享关键的教学策略，出台下一步的教学计划。

调整会议结束之后，新一轮的教学进入日程。教师贯彻执行调整会议的精神开展教学活动，评价学生的学习进步，分析新的教学策略的有效性，设定学生、班级、学校各个层面的新目标（The Literacy and Numeracy Secretariat，2007：3）。

高等教育对调整的重视程度也越来越高，目前高校各种调整实践和政策层见叠出。例如，位于西澳大利亚州珀斯的科廷大学目前已经起草了教师调整政策指南。该校将调整视为质量保证体系的基本构成要素，用以保障“评分的准确性、一致性以及公平性”（Lawson et al., 2009: 21）。基于专业评判的评价，其主观性尚难避免，有赖于调整进行质量把关。在科廷大学，调整被列为质量评价周期（the Quality Assessment Cycle）的环节之一，通过诸多方式实施。调整从设计评价任务（或者评价项目）开始，在评价项目开始后或者评价任务完成后做出评价任务或项目学习适切性分析报告。整个调整流程如下所示，可以包括对学生分数的调整，但是这样的调整必须基于对学生所完成的任务的重新评价，并且在向学生公布分数之前完成。

实施调整的原则概括如下：

1. 以贯穿始终的评价过程为纲：包括评价任务的设计，评价任务与学习成果的直接关联以及明确合理的评分标准。

2. 包括对评价的频率、风格以及学生学习的相对成功率在内的定期检查评价需要成为一个学习单元周期的有机组成部分。

3. 与评分者之间的坦诚交流有助于更好地理解评价任务、评分标准以及学生完成任务的质量要求。

4. 在评分正式开始之前向评分者明确评分标准，是减少评分之后产生纠纷的基本方法。

5. 海外校区、偏远校区和合作校区有其特殊的情况和需求，评分者和协调员尤其需要在评分之前彼此信任，频繁沟通。因为一旦偏远校区和合作校区出现纠纷，解决问题的难度更大，费用

也更高。(Lawson et al., 2009: 17)

科廷大学不建议“不参照学生的文本质量，或者在学生的作业或试卷已经发还给学生之后”再通过统计分析对学生分数进行调整(Lawson et al., 2009: 17)。

调整共有五个环节：评价任务的设计、评分员之间的交流、评分、调整、反馈（包括发还作业或试卷，对评分员的反馈，对评价的检查和改进）。一一概述如下。

评价任务的设计

在科廷大学，为了确保任务收到良好的后效，任务布置给学生之前就会进行检查。由该学习单元的组长综合参考校内外同行的各种意见，在以下几个方面给出检查意见：

- 与所期待的学习成果是否一致；
- 与该单元的学习范围和水平是否一致；
- 任务说明和评价标准是否明晰；
- 是否能保证结果不受到场地的影响；
- 是否有防止抄袭的措施；
- 在该学习阶段所安排的时间和所占的权重是否合适。

在开始该课程或单元的教学之前，就需要开始评价任务设计。

评分员之间的交流

评价任务的具体要求、权重、期限、评分标准等都应该根据学习单元的大纲做出具体说明并且向学生一一交代。最好让学生知道什么时候开始批卷，什么时候出成绩和反馈。如果有关于评价任务的任何变动，都需要书面通知学生。这一层面的交流主要发生在评分小组之间，确保不同的小组对上述关于任务的各个细节有统一、完整的认识。

评分

对学生所完成的任务的评价，要有充分证据说明不同评分员之间评分的可比性。这就需要学习单元组长担当起责任来，在评价过程中向各位评分员做出解释，给予指导。评分员之间的协力合作是保证评分可比性的关键所在。

调整

学习单元组长通过下列方式检查评价结果：

- 抽样检查随机或者选定的学生任务样本，确定评分员对评分标准和要求的应用保持前后一致。
- 对抽样检查随机或者选定的学生任务样本进行复评，比较两次评分的差异。
- 对难以定夺的临界分数（例如在及格线上下的分数，或者两个档次之间的分数）进行复评。
- 对评分者彼此有争议或潜在差异的分数进行数据统计分析。

一旦发现异常分数，就需要在向学生公布分数之前及时进行重评和调整。由于科廷大学与海外校区和合作校区有合同关系，因此所做出的调整不要违反合同条款。总而言之，调整的这一环节主要是学习单元组长组织的对评价结果的检查，并且在向学生公布分数之前做出必要的调整。

反馈

学生的作业或试卷、成绩以及反馈应该第一时间发给学生，为他们提高下一次完成任务的质量提供充裕的时间和机会。关于评分的效度和效率以及调整流程的信息也应该及时反馈给评分员。这样的反馈信息包括检查：

- 评价任务：难度是否得当；
- 评价任务的评分标准：是否方便学生和评分员使用；
- 评分和调整流程中的时间安排；
- 给予学生的反馈。（Lawson et al.，2009）

这是科廷大学教师调整政策草案中的最后一个环节，包括学生和评价小组的反馈。这些对设计的任务质量和过程的反馈以及通过检查给予的反馈信息，都为新一轮评价周期的开始提供了重要参考。

网上进行调整实践和使用标准的可能性

与传统的面对面、基于纸张的调整实践相比，网上调整为促进在更大范围内对标准的解读达成共识提供了可能性。对于在边远地区工作的教师来说，利用科技手段进行网上调整实践，使他们能够更有机会、更有信心地在标准参照性评价体制下与同行们交流心得体会、展开评价工作。

信息和通信技术辅助调整能够使调整实践扩展到不同的地区和分散的教师群体，特别适合像澳大利亚和加拿大这样幅员辽阔的国家，或者像新西兰和苏格兰这样地域分散、部分地区交通不便的地域。在标准参照性评价体制下，如果教师群体分散，工作地区分散，科技的利用就能使调整更好地发挥其问责和提高教学的双重功能。

科学技术可以促进各个层面上的调整活动，支持和帮助教师的评判实践，但同时也给认同传统面对面模式的教师带来了更多全新的挑战。首先，需要制定网上调整计划，确定网上调整会议的流程。本章末附有基于网络的经外部调整的评价体系操作指南（见图 5.1，参加信息和通信技术辅助调整网络会议指南），并辅以研究实例（Connolly et al.，2011）。参与该研究的教师通过使用商用网络会议软件包，在同一时间成功参加了网络调整研讨会议。在网络会议上，可以由一组教师对某一个教师给出的分数同时进行调整，最后达成统一意见。操作指南详细说明了召开网络会议需要准备哪些设备仪器、如何组织会议、如何报名参加会议以及如何使用软件等。

该研究调查了参与信息和通信技术辅助调整的教师与未参与的教师各自的观点，根据他们所持有的态度（非调整模式）进行了比较。调查发现，就有关调整中标准的使用问题，以及教师评判的一致性问题，两组教师的态度并没有显示出质的差别。参与过信息和通信技术辅助调整的绝大多数教师表示使用网上调整系统时没有碰到过困难或者困难很小，对这一网上模式持肯定态度（Connolly et al.，2011）。教师通过参加网上调整会议，获得了宝贵的机会与同行网友切磋交流，开展富有成效的调整活动。

使用信息和通信技术辅助、经外部调整的评价，其优势之一就是使用的电子工具和网络会议软件可以帮助教师更好地、更明确地展示学生完成任务的质量证据和得分点，并且与相应的等级或标准匹配对接起来，并且方便教师就这些问题与同行进行商榷研讨。这就是科学技术如何促进教师间的专业交流，通过分享各自对标准的解读最终达成共识。教师工作本身的独立性较强，科学技术的运用使原来孤立的教师个体，尤其是在偏远地区工作的教师，得以彼此交流，形成一个合作团体。

网上调整这一模式的另一优点就是信息和通信技术辅助网络调整会议允许来自其他学校或部门的教师作为旁听者或者检查小组成员旁观整个调整过程。这意味着几位教师可以同时使用一个电脑终端或者旁观或者亲自参与调整实践。因此这样的调整实践也可以成为教师培训的工具，促进校内教师之间对标准的理解达成一致。

信息和通信技术辅助调整模式的主要优势在于为教师校际交流提供了平台，而在传统模式下，不同学校的教师之间在调整过程中的沟通机会近乎为零。调整会议网上功能的开发简化了会议的组织工作，降低了会议成本，节约了与会者的时间，同时召集调整会议的地点更为灵活，可以是在偏远的地区，甚至可以在大都市。

虽然科学技术在调整中的应用对教师进行外部调整的评价实践大有裨益，它同时也给教师带来了一系列的挑战和限制。例如，相当数量的教师对使用这一技术感到紧张，甚至有时候会感到害怕。这样的态度和反应无疑不利于调整实践的顺利开展。如果教师对利用高科技持有这样的抵触心理，觉得耗时耗力，难以应对，那么信息和通信技术辅助调整的一大特点（即有利于明确展示学生完成任务的质量证据，并且与相应的等级或标准匹配对接起来），就无法充分发挥其优势。教师在选择是否使用信息和通信技术辅助调整模式的时候会综合考虑到下列问题：会议所需要的准备时间，科技的使用，与学校教学计划时间上是否一致，扫描和复印材料需要花费的时间，网络系统的有效性和可靠性等。因此，信息和通信技术辅助调整能否顺利、高效地开展，与教师对上述问题的态度有很大关系（Connolly et al., 2011）。

对第一次利用高科技尝试网络评判调整实践的诸多教师，他们需要学习新的科学技术，需要得到技术上的支持，在实践过程中逐步建立起对网络调整实践模式的信任。与此同时，由于参与网上调整会议的教师彼此互不相识，也缺乏彼此面对面的交流机会，每位与会教师都需要准备一份自我简介。这就需要接受任命的会议组长做好引导和协调工作，帮助每位与会者建立和加强团队意识。传统的面对面会议有利于建立与会者之间的亲密关系。亲历会场，相互介绍，并借助肢体语言进行彼此更为有效的互动，有助于团队的建立及参与者团队意识的加强。虽然信息和通信技术辅助调整模式在上述方面不抵传统面对面会议，网上会议调整的优势远胜于其局限性。

相关研究发现，网上调整会议中，专家与新手可以混合搭配合作，通过分享各自对标准的解读最终达成共识，对学生完成任务的质量的评判通过研讨达成一致意见（Connolly et al.，2011）。在如何使用会议工具和用于评论的注释工具等找出学生完成的任务质量证据方面，初次参加网上调整会议的教师新手可能需要得到帮助。但是，我们希望借助科技，更多的教师能够更有信心地在标准参照性评价体制下进行评判实践，在特定的教学背景下，将他们的教学实践与评判实践有机地结合起来。

思考题

1. 为什么说要保证教师评判的一致性和可靠性，标准和范例的提供是必要非充分条件？

2. 对学生完成的任务质量进行评判时，需要用到哪些方面的资源？

3. 教师在调整实践中明确说明自己的评判依据有什么意义？

4. 教师在评价实践中要高效地使用调整和标准，必须得到哪些系统层面的支持？

5. 网上调整实践具体从哪些方面给教育体制和教师的评价实践带来益处？

参加信息和通信技术辅助调整网络会议指南

内容

会议需要的信息和通信技术仪器设备

你需要一台能够上网的电脑和一部电话机。信息和通信技术辅助调整会议通过一个网站在网上举行，你需要用电脑旁边的电话与其他与会者进行通话。由于在网络会议上你需要上网搜索资料，建议你打电话时使用头戴耳机或者使用免提功能。

参加信息和通信技术辅助调整网络会议邀请函

参加信息和通信技术辅助调整网络会议邀请函会以电子邮件的形式发送到你的电子邮箱。邀请函上提供会议的详细信息以及会议网站的链接。

会议的详细信息样例：

主题：调整会议——9 年级英语
日期：2007 年 9 月 19 日，星期三
时间：下午 1:30，澳大利亚东部标准时间（格林威治时间＋10:00，布里斯班）
会议号：123 456 789
会议密码：elephant

参加会议

如何进入会议网站

会议开始前 10 分钟左右，查看电子邮件邀请函，根据邀请函中的指示进行操作。邮件中的第一步会提供一个链接，点击链接进入会议网站。然后根据第二步到第四步的详细指示进行操作。下面就是参加会议第一步到第四步的指示样例：

参加网络会议你可以：

1. 进入 *http://griffith.webex.com/griffith/j.php?ED=92760777&UID=0*
2. 输入你的姓名和电子邮件地址
3. 输入会议密码：elephant
4. 点击“Join”。

【请注意，你的会议具体信息与上面的例子不同。你需要根据你收到的电子邮件邀请函，按照邀请函上的第一步到第四步的具体会议指示进行操作，参加会议。】

在会议管理器（Meeting Manager）建立之前，会出现下面的通知框提醒时间。注意：“剩余时间”（Time Remaining）会逐渐减少。整个过程约 2～5 分钟。

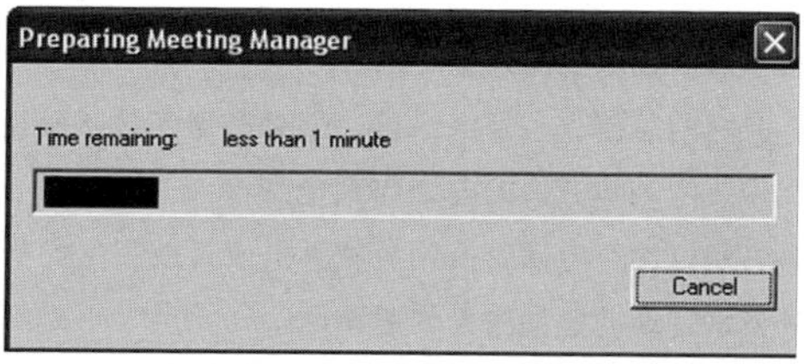

电脑屏幕上会显示下面浏览器通知页面。这个页面在整个会议期间需要一直打开着。一旦会议开始会有新的页面出现。

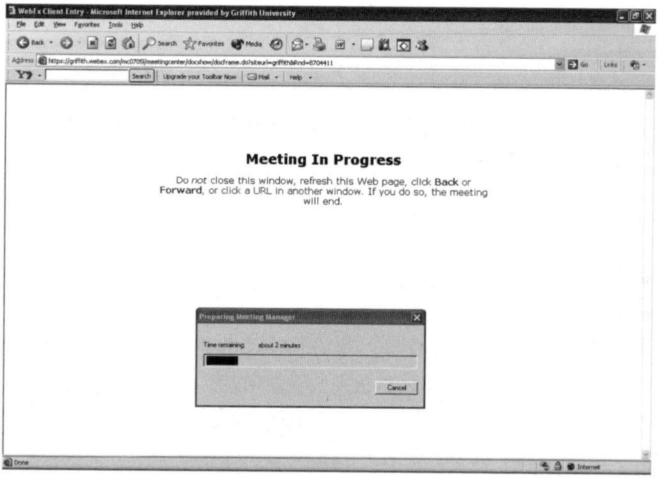

输入个人具体联系信息便于我们电话回复

你一旦进入会议网站，就会出现下面的一个框，问你要具体电话号码，用于我们给你自动回复电话。请注意：

1. 国家/地区——澳大利亚的区号是 61。如果上面显示的不是 61，请点击右边的框，选择“Australia”这一栏就会自动更新为 61。

2. 先输入你的区号，然后是你的电话号码，不要加括号或者留出空格。注意，你填写的电话号码必须可以直拨到你的分机。

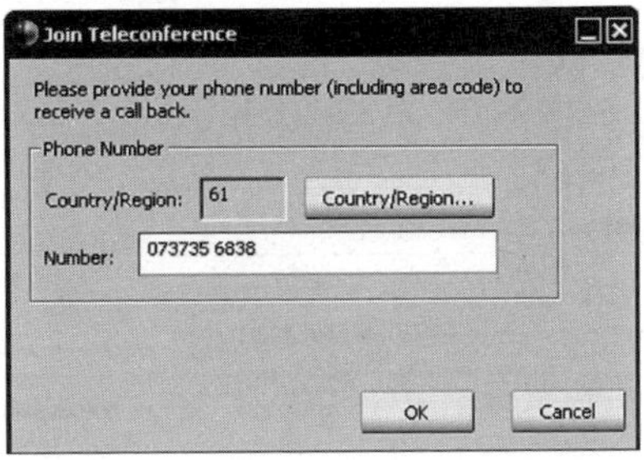

如果你输入的电话号码信息准确无误，你会立刻接到网络会议的回复电话，然后要求你“按键 1 进入会议”。

参加会议需要了解的会议附加说明

“会议尚未开始”的公告

会议开始之前，页面上会有相关通知。点击 *OK*，就会出现下面的通知页面。

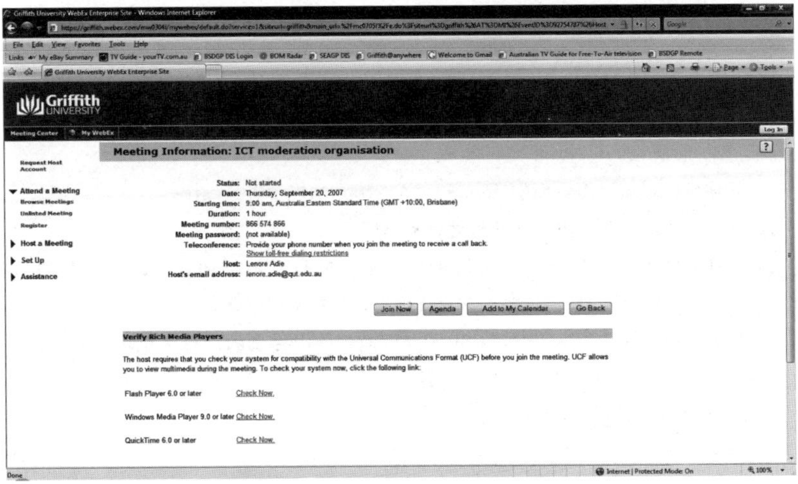

会议必须等会议主持宣布开始后才能开始。你可以每隔几分钟刷新一次页面，直到页面上通知的会议状态改变。然后点击 *Join Now*。

你可能会看到一系列的会议名称，在你感兴趣的会议名称旁边点击 *Join Now*。然后你需要输入详细的个人信息以及电子邮件邀请函中提供的信息：

1. 姓名
2. 电子邮件地址
3. 会议密码

然后你可以根据上面页面中 *Joining a Meeting* 的提示进行操作。

首次加载"会议中心"软件

如果你是第一次访问网络会议中心，你需要加载一个"会议中心"软件。

你可以看到下面这个页面。

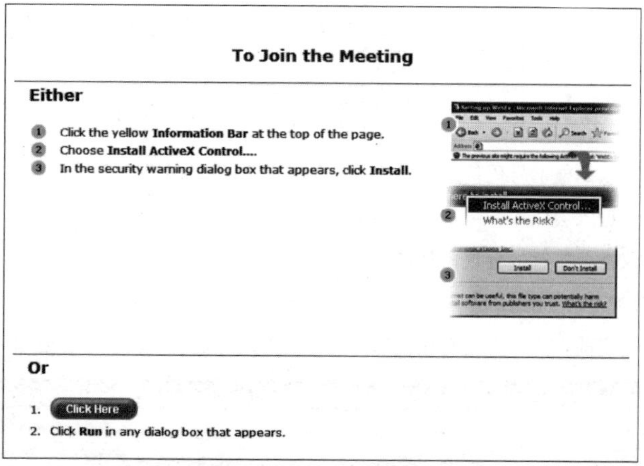

根据第一步到第三步的选项提示进行操作。然后会出现新的页面，上面有关于会议的详细信息。点击 *Join Now*。

然后你可以根据上面页面中 *Joining a Meeting* 的提示进行操作。

如果没有收到电话回复，如何电话联系我们

如果你遇到问题，几分钟后仍然未接到我们的自动电话回复，请拨打免费电话 1800-093-897（电话费自动转账到该会议项目，学校不用付费）。

根据电话提示操作。你需要用到电子邮件邀请函中提供的信息。【请注意：如果要求你按"pound"键，请按井号键（#）。】

有解决不了的问题，如何让我们知道

如果有解决不了的问题，一直无法参加会议，请在"聊天框"（chat box）给我们留言。如下面所示，聊天框在会议网址页面的右下角。我们会打电话给你，帮助你参加会议。

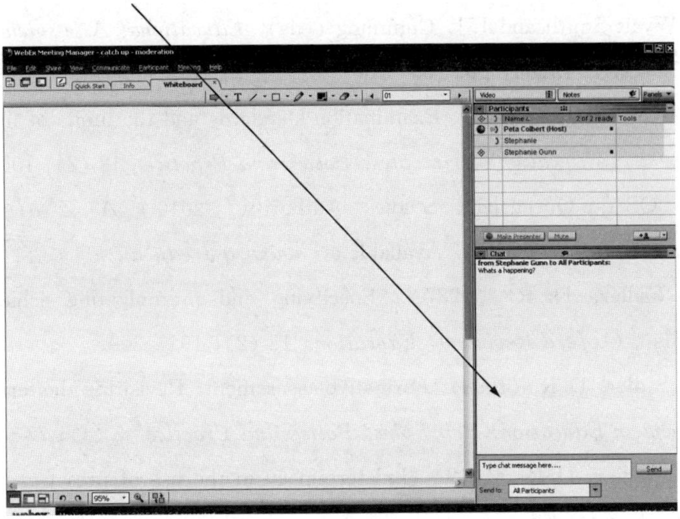

会议中心软件易于操作，软件功能概述请参看发给你的软件包中的A3指南。

图5.1　参加信息和通信技术辅助调整网络会议指南

参考书目

1. Connolly, S., Klenowski, V. and Wyatt-Smith, C. (2011) 'Moderation and consistency of teacher judgement: Teachers' views', *British Education Research Journal*, 38 (4): 593 - 614.

2. Hattie, J. (2005) 'What is the nature of evidence that makes a difference to learning?' Paper presented at the Australian Council for Educational Research Conference, Melbourne, Australia.

3. Lawson, K., Yorke, J. and Oliver, B. (2009) *Assessment and Moderation at Curtin Pilot Project: Final Report*. Perth: Curtin University, Office of Teaching and Learning.

4. Linn, R.L. (1993) 'Linking results of distinct assessments', *Applied Measurement in Education*, 6 (1): 83 - 102.

5. Maxwell, G. S. (2009) 'Defining standards for the 21st century', in C.M. Wyatt-Smith and J. J. Cumming (eds), *Educational Assessment in the 21st Century*. Springer. pp. 263-286.

6. Newton, P. (2007) 'Examination standards and the limits of linking', *Assessment in Education: Principles, Policy and Practice*, 12 (2): 105-123.

7. QSA, Queensland Studies Authority (2010) *A—Z of Senior Moderation*. Brisbane:QSA. Available at: *www.qsa.edu.au*.

8. Sadler, D. R. (1987) 'Specifying and promulgating achievement standards', *Oxford Review of Education*, 13 (2): 191-209.

9. Sadler, D.R. (1998) 'Formative assessment: Revisiting the territory', *Assessment in Education: Principles, Policy and Practice*, 5 (1): 77-84.

10. Sadler, D. R. (2009) 'Indeterminacy in the use of preset criteria for assessment and grading in higher education', *Assessment & Evaluation in Higher Education*, 34 (2): 159-179.

11. The Literacy and Numeracy Secretariat (2007) *Teacher Moderation: Collaborative Assessment of Student Work*. Ontario, Canada: Curriculum Services Canada. Available at: *www.curriculum.org*.

12. Woods, A. and Amorsen, A. (2011) *Evaluation of the Year 1 Literacy and Numeracy Checkpoints Assessments Trial - 2010*. Brisbane, Qld: Queensland University of Technology.

Web extras

1. Jessop, T., McNab, N. and Gubby, L. (2012) 'Mind the gap: An analysis of how quality assurance processes influence programme assessment patterns', *Active Learning in Higher Education*, 13 (2): 143-154.

2. McVee, M. B., Dunsmore, K. and Gavelek, J. R. (2005) 'Schema theory revisited', *Review of Educational Research*, 75 (4): 531-566.

第六章
教师应该如何利用标准提升学生的学习

概　　述

本章我们陈述教师如何积极利用学业成绩标准来改进教学，提升学习。我们探讨如何通过课堂“对话—探究法”有意识地将课程、教学和评价三者的关系巧妙地连接起来。教师的评判实践和标准的使用对教师和学生都大有裨益，对提高教学质量起到了关键的作用，这一观点早就该引起人们的重视了。因此本章讨论的重点是标准的教学价值：教师如何向学生说明标准，引导他们明确他们要完成的任务应该具备的质量特征；学生如何在完成任务的过程中以标准为纲提高任务的质量。

聚焦标准的教学价值这一理念为教学的改进提供了新的思路：教师得以重新定位传统的师生关系，在利用评价标准来改进教学、提升学习时兼顾学生的视角。在此，我们关注的标准并非是狭义的用于测量和问责的标准，而是作为教学工具的标准，是师生共同分享的标准。这一观点源自我们对评价的理解：评价不仅为决策提供佐证，而且在决定学习资源（例如：需求决策）等方面，评价是教师和学生在地方或系统层面上的行为根据。与此同时，我们也强调评价实践的社会文化性。因此，标准是课堂教学固有的一个因素，它不仅影响教学、反映教学，而且也为教师的评价从教学角度提供了参考。它包括：课程知识和技能的核心概念；学习、教学和评价的关系；“恰当的”教师评判实践以及对跨学科课程重要性的理解。

作为决策和评判的评价

广义而言，人们普遍认为在课程设置、教学设计、评价以及读写和计算教育等各个领域里，教师都是整个评价过程的核心人物。他们亲历学生的学习过程，因此是引导和监控学生学习的最佳人选。不仅如此，教师的专业知识也是成功开展课堂评价的关键之一。

教师需要掌握各个方面的专业技能和知识。例如，教师需要洞悉课程内容和课程要求；需要兼备不同评价的相关知识：以形成性为目的的评价包括对学生学习疑难的诊断以及提升学习的各种方法；以终结性为目的的评价包括对学业成绩的报导和证书的颁发。这些对教师专业知识的要求通常在官方的课程指南和评价政策或者学校文件中会有陈述。这些文件包括公布于众的课程和评价指南，在网上公开的政策文件以及学校和各种团体颁发的文件。同时，教师还需要具备评价专业知识技能，例如：采用适当的评价技术和方式采集学生的学习信息用于监控和反馈的能力；教师的教学素养；教师根据不同的评价目的合理使用评价工具的能力。这些都是教师的评价专业知识，是教师的"工具箱"。但是，关于教师对质量的认识能力，以及关于教师评价专业知识在教学上的运用能力，目前还未引起业界足够的重视。正如克雷斯（Kress）（2001）指出，读写能力的培养应该包括"发现能力"的培养。本章我们关注评价标准如何转型成为培养教师和学生"发现能力"和讨论质量的潜在的课堂工具。同时本章也着眼于教师和学生如何通过对话式课堂教学活动分享对质量的认识，了解学习发生的全过程。

因此，本章同意韦伯（Webb）（2009：3）的观点：

> 当教师的评价实践转向为教学服务时，我们的着眼点就不再是资源问题，我们更为关注的是……通过评价实践如何培养教师的设计能力：挑选、改编和设计评价任务的能力。

虽然此处韦伯提出的设计能力限于任务的设计，我们不妨推而广之：如何培养教师的发现能力，即如何从任务设计者的视角出发去发现学习机会，继而培养教师和学生共同理解质量的能力？

上述问题应对了朗特瑞（Rowntree）（1987）的书名《我们应该如何了解它们?》（*How shall We Know Them?*）提出的这一问题，这也是他回应读者的问题。要回答这些问题，我们希望读者从以下两个方面来思考：首先从设计者的视角出发，将评价视为决策；其次从教学的视角出发，视评价标准为教学工具，充分挖掘其促学潜能来改善学习，鼓励学习者积极参与到各种学习活动中去。

对情境的理解

评价永远是某一情境下的评价：评价发生的情境本质上具有文化历史性。因此我们可以把评价视作一种**情境实践**。换言之，评价的各种方式会逐渐被大众所接受，随着时间的推移变得习以为常，最后被视作“自然”的教学活动。但是事实上，评价所反映的是地方学校层面和系统或政府层面做出的决定和规定的重点。例如，关于资源，需要决定购买哪些印刷材料和网上材料，包括标准化测试的相关材料；关于对学生作业的要求，需要决定布置的任务或活动的类型以及学习和评价发生的背景。还有其他各种决定，诸如教师课程计划的实施；包括评价的本质、范围和时间安排在内的各种评价信息的采集；年级的统测；复习迎考所需要安排的课时；评价是否包括平时的开卷测试和作业还是仅仅局限于限时的课堂闭卷考试等等。

这些评价决定会带来多大的影响？教师如何应对这些评价决定带来的影响？众多的文献（Messick，1989）研究显示了评价对个人生活产生的种种影响。例如，布罗德富特和布莱克（Broadfoot and Black）（2004）认为：

> 如果教育工作者对外界宣扬他们正在使用的（评价）技术是“安全的”，有益处的，那么他们所应该承担的道义责任，可以说，不亚于核专家或者研究转基因粮食的生物学家肩负的道义责任。（2004：13）

同样地，埃克莱斯顿和普莱尔（Ecclestone and Pryor）（2003）也呼吁：评价对学习者的影响以及对他们的个性和性情的影响不容忽视；评价实践不应该置学生于不顾，或对他们的想法不闻不问。他们认为一个评价体系所能产生的影响很大程度上取决于这一体制下“教师和学生的支配权和运作空间”（2003：477）。这就强调了评价中的权力、教育体制的管理权力以及教师通过评价要求能够行使的支配权等问题。

与此相关联的两个主题是：其一，评价的公正性；其二，传统的师生上下关系中，教师在课堂评价中的绝对权威性。正如本书其他章节中所讨论的（见第三章），关于评价的公正性，课程和评价的内容选择需要考虑到其公平性，评价是否会存在偏见，是否包含非主流文化知识等。吉普斯（1999）的研究就与这一主题相关。他强调对个人或集体的评价需要考虑到文化因素。他提倡新的教学法，建议教师反思并且重新定位传统的师生关系，为在开展评价实践中兼顾学习者的视角提供可能性。卡明和怀亚特-史密斯（2001）旨在为这一新的教学法的应用开创先河。他们就澳洲高中阶段对课程的读写要求进行了大规模研究。通过使用“学生—摄像头”，他们录制了学生高中阶段所有课程的课堂交谈和互动的视频。“学生—摄像头”记录了学生课堂活动的焦点和学生的视线，发现澳洲高中阶段的课堂教学呈现出典型的传统互动模式：教师在学习议题日程安排上具有绝对的权威性，评价标准由教师向学生宣布，学生鲜有机会参与到对既定的评价标准的讨论中去。同时，从视频中我们明显发现“学生在学习（或评价）安排上处于绝对的服从地位，教师不希望他们提出任何质疑。即使偶尔有学生提出异议，也不会被接受”（2001：51－52）。

拉多克（Ruddock）的研究聚焦学生的心声，她也倡导改变学校教育中的权力关系。她认为一旦学生成为教育体制积极的参与者，他们就有可能发挥“潜在的作用，做出巨大的贡献”。我们必须意识到这一点并且在实践中身体力行（Ruddock and Flutter，2003；Ruddock，2004；Flutter and Ruddock，2004；Ruddock，n.d.）。她强调学生的参与有益于学校教育的改进。她称学生为学校教育中“被遗忘的合作伙伴”，认为他们在校外经历丰富，关系复杂，还间或肩负重任。但是在校内，他们缺乏自主性和责任心，受到的智力上的挑战不足。

然而，要倾听“学生的心声”，要鼓励学生参与教育改革，形成学校教育中新的权力关系阻力重重。不可否认，师生界限的改变以及师生关系在教学和学习方面的重新定位会给教师和学生带来一定的焦虑，但是这种关系的改变在评价实践领域里对师生的冲击可能会更大，更容易遭到学生乃至学生家长的反对。传统理念中，评价是教师的专职，是课堂上教师权力的核心表现，学生在评价方面的话语权应该受到限制。这样的观点在人们心中早已根深蒂固，教师在评价领域的传统权威地位难以动摇。

一些作者指出，教师在评价领域一直扮演着评判者或者监督者的角色。这种传统的师生关系亟须改变，教师需要重新定位师生关系，重建课堂文化，“教师不再向学生行使支配权，而是与学生分享权力”（Gipps，1999：386）。这并不意味着教师就此不再对学生的学习承担起应负的责任，而是提倡师生建立新的学习伙伴关系，与学生共同参与评价实践。这就再次引发了关于“责任”问题新一轮的讨论。斯蒂金斯（Stiggins）（2004）早已指出，学习效果的最大化来自师生之间的有效互动。师生应该在学习和评价活动中分担责任，共建课堂文化。可见，在学习文化中对评价的认同并非所谓的新概念（Shepard，2000），正如我们提倡教师在评价实践中帮助学生自主学习及自我监控也非全新的理念。

这就为教育改革带来了新的空间：如何有意识地利用教师的评价实践并将之融入课程中去，使评价成为课程计划的一部分？为拓展这一新的空间，我们在此讨论实现评价转型的三个相辅相成的基本要素：知识、价值和理解的概念，包括这些概念与学习者、需要测评的专业知识以及相关能力之间的关系；协调一致的概念，指评价、学习和教学三者之间动态的相互交织又彼此独立的关系；标准作为质量构念的概念。

上述三个要素中，备受关注的是教师在课堂评价实践的决策背后的一系列理念、价值观以及假设。人们普遍认同教师的课程和教学设计反映的是他们所持的教学理念和假设，然而往往意识不到教师对待评价证据的态度事实上对评价（包括高风险测试）实践也会产生重要的影响。要获取人们对评价的信任，支撑评价的价值观应该是客观中性的，但事实似乎并不尽如人意。评价实践（包括大规模的测试计划）背后的价值观以及对学生学习和学业成绩的假设，往往难以面对诘问，经不住深究。

因此，我们诚邀读者与我们一起抛开对测试“想当然的”信任，共同探究评价实践的要素，使评价能够最终经得住监督，受得起检查。这些要素是从批判性研究的评价理论框架基础上发展建立起来的（Wyatt-Smith and Gunn，2009）。批判性研究的提出基于德朗舍尔（Delandshere）的著作（2002），是在当时缺少评价测试理论框架的背景下发展起来的，它包括知识、学习、语言、情境等概念。本章接下去就实现评价转型的三个基本要素依次进行讨论。这三个要素，合成一个体系，为教师在教育的各个阶段保持课程、教学和学习、评价三个方面的协调一致提供了指导和监督。

要素 1 知识和认知

大约 20 年前，吉尔（Gill）（1993：1）通过观察发现：

> 大量研究美国教育质量和方向的论文和专著都试图从不同的角度挖掘认知的发生、认知的主体以及认知的内容等诸如此类的问题，但是收获甚微。

根据这一发现，德郎舍尔（2002）指出：

> 如果我们不能够真正地了解知识和认知，不能够将对知识和认知的理解，或者至少将对知识和认知大体的概念用于指导教育（包括评价）实践，教育事业就存在着无所建树甚至适得其反的隐患。目前，评价似乎流于这样一个过程：采集关于尚未明确界定的现象或者构念的数据，回答本身含糊不清的问题，然后对教育系统的质量基于此得出推断。(2002：1462)

其他一些作者（James，1998；Harlen，2004）也有类似的发现，并与德郎舍尔持有相似的观点。他们强调需要明确界定和解释知识的范畴，作为教学和评价的基础：

> 如果我们对测试内容的范畴没有明确的界定，对学习者需要掌握的知识技能在测试中所对应的证据没有形成共识，那么就无从谈起所要评测的知识技能或其他测试构念。(Delandshere，2002：25)

这就是呼吁大家要重视评价的效度、特别是效度构念。其中我们最为关注的就是评价如何与所教所学联系在一起。尤其是当前，学生多元化（文化、语言、种族以及社会经济等各方面）的课堂数量剧增并且逐渐成为“常态”，测试的效度凸显其重要性。这就是为什么测试效度的问题与弗里博迪（Freebody）（2006：2）提出的关于“学校教育的目的以及个人和团体对学校所能提供的教育内容特征的预期”等更加重大的教育问题息息相关。这包括我们对下列问题的思考：“关于人类知识和理解的特定知识体系的典型的逻辑结构和内容结构”（p. 8），或者是认识论领域，以及“学习与周围团体或课外团体的社会、文化、经济等各种因素”的关系（p. 15），或者课程的实用领域等。当代技术的发展日新月异，带来人类交流方式史无前例的变化。正是在这一新的国际大环境下，我们亟须重新思考评价实践，或者更宽泛地说，教育实践与评价理论之间的关系，明确评价所基于的理论假设。上述问题尚未找到明确的答案，但对我们理解评价的发生至关重要。

了解学习范畴

了解学习范畴以及相关大纲资料是制定高效教学计划之纲，更是高质量评价之本。在高质量的课堂实践中，这一点似乎显而易见。然而，大量对课堂实践的研究表明，在教育改革之际，尤其当教师把重心转移到提高考试分数之时，教师日常教学的压力增大，对教学知识要求的思考沦为次要，甚至变为奢侈。因此，课程教研组或跨学科教研组定期组织各种校内或校际教研会议，给教师提供交流和探讨教学的时间和机会弥足珍贵。正是通过这样的教研会议，教师得以更好地制定教学计划，连接学习和评价（包括诊断性评价和促学性评价）。这就为教学和评价实践中兼顾学生的视角提供了良好的开端。

确切地说，学生完成学习和评价活动所需要的知识就是教师应该特别关注的评价要求的知识。换言之，教师需要通过评价来证实他们对学生已有知识和能力的假设：这些已有的知识和能力与他们将要学习的新知识的内容以及学习能力息息相关。这样，教师才能真正了解学生作为学习者在上课之前已经掌握了哪些知识技能，有哪些经历，从而从学生的角度出发开展教学。

这就需要教师对所开展的课堂教学活动进行自我反省，接受同行监督；教师需要探讨他们如何在个人的背景以及社会文化背景下进行课堂互动；如何在教学和评价决策中为学生展示他们的学习和成果提供各种路径；社会阶层、文化语言背景、对学生完成任务的预期等各种因素如何交织在一起对课堂评估实践产生影响。这样的探讨也为教师关于上述问题的“个人观点公众化”提供了平台。

要素 2：连接评价、学习和教学

本节我们聚焦教师如何通过有意识的采集和解读评价证据来巧妙地将评价与教学和学习连接起来。同时我们也探讨如何通过标准在教学中的使用，在课堂讲解和师生互动中引入任务质量的问题。从某种程度上说，这也包括如何遴选学生作业范本用以诠释不同的作业质量，为学生开展以促学为目的的自评和互评活动提供指导。

广义而言，此处所指的“衔接计划”意指如何将评价与学习和教学计划连接起来，保持三者的协调一致。从公开发表的评价文献中，我们不难发现教师为此做出了各种努力。例如，一些作者强调以评价为驱动的设计过程（Harris et al., 2003）。在这一过程中，评价信息的有意识的采集以及高质量评价任务或活动的设计成为衔接计划的中心。

本书的第一章节曾经提到，人们传统上视教学、学习和评价为三部曲，教学第一，学习紧随其后，而评价则屈居第三。采集评价信息的关键决策只是教学计划的一部分，甚而只是尾声，即成为教学计划的最后步骤，安排在教学和学习结束之际。然而，我们在此处讨论的是教学、学习和评价三者的协调一致，即教师的备课计划和评价计划需要同时进行。这意味着教师要将三者有意识地衔接起来作为元认知活动，前提条件就是将评价活动视为教学和学习不可或缺的一部分。

在备课伊始就考虑评价计划，教学目的更为清晰，重点更加明确。一系列研究表明这样的方法视评价为课程设计的驱动程序，大有裨益（例如：Harris et al.，2006）。当教师将评价计划有意识地纳入教学计划，他们事实上已经在官方课程设置和教学、学习、评价之间搭起了自己的认知桥梁。不仅如此，贯穿始终的评价融入教学计划，意味着教师对所要教授的内容以及方向都有着明晰的认识，从而能够采取具有针对性的教学方法。这并不是说我们提倡考什么就只教什么。相反，我们关注的是：学生如何获得学习成功，学生需要掌握哪些知识，如何让学生展示他们的学习成果和能力。这样，才不会出现由于教学和评价的分离而导致的学生考试失利这样的不良局面。

这一衔接计划的一个重要延伸就是教师在教授学生课程内容的同时，也分享了评价知识和技能。这可以贯穿教育的各个阶段，从幼儿教育一直到高等教育以及研究生教育阶段；也可以涵盖各个跨学科领域，包括交叉学科或综合性的某一课程或学习单元。这就意味着教师将评价视为一项师生共同的事业，学生可以在一定程度上参与课堂评价，更重要的是从中获得相关的评价知识和技能。从这一角度出发，教师的教学需要适当地扩展，教授课程的同时需要引导学生明确任务质量的要求，帮助他们对照任务特征和要求进行自评和他评（Elwood and Klenowski，2002）。

另一方面，这一衔接计划还意味着教师需要就学生学习信息的采集做出决策。也就是说，评价是一种基于证据的实践，课程和教学计划的中心就是课程或单元的评价活动。这一衔接计划的实施为教师在学习的最初阶段就确定评价信息（包括形成性评价和终结性评价）的采集提供了机会，也为学生了解教师就信息采集做出的决策提供了可能性，这样学生就会对任务质量的要求有更好的“认知”。通过这些方法，评价就成为一项师生共同的事业。

在传统的观念中，评价活动是教学和学习的终点，教师往往在教学结束之后才开始采集和解读评价证据。我们在此提倡评价与学习和教学的衔接，无疑挑战了这种传统的评价观。对于持传统评价观的教师而言，他们也需要经历这种评价思维方式的转变过程，正如下面一部分中学教师所评论的：

> 因此从根本上说，一旦评价在教学法中占有如此明确重要的地位，教学就变得异常清晰：你必须要采用恰如其分的教学手段去支持评价——支持高质量的评价任务的完成……，这与以前的做法不完全一样，教师需要经历思想上的转变。传统上评价通常是附着在学习单元末的一个最后环节，而现在评价却变成了某种驱动程序……（Wyatt-Smith and Bridges，2007 in DEEWR and DETA, 2007, Appendix 1：48，版权 Commonwealth of Australia，此处引用获得授权）

通过上述评论，我们不难发现这些教师所谈论的评价已经成了激励教学方法和学习活动的原动力。我们不应该将之误解为教学活动如今已经退化成了应试的工具。同样，向学生明确传达评价任务的要求和标准，包括让学生参与到相关评价活动和任务中去，也并不意味着教师就此把任务的“答案”向学生毫无保留地和盘托出。恰恰相反，我们的目的是让学生积极地参与到评价活动中去。通过这种新的学习方式，使他们学会思考和探讨自己的学习质量，这样评价才能充分发挥其最大的潜能。这就要求教师不仅仅重视评价、教学和学习三者相互交织的动态过程，而且在教学实践中，充分地利用评价标准，使之延伸成为教学的工具。

要素3：作为质量构念的标准

塞德勒（1989，1998）关于“形成性评价”的著作就“教学—学习—评价”三者的关系提供了一个模型。这个模型显示出学生获得评价知识和技能之后，他们的学习得到了怎样的提高。书中探讨了教师如何拓展有关标准的知识，更确切地说，教师如何利用这些知识达到促学的目的。

教师这个行业历来被视作权威的象征，教师是为人师表行业的典范，是导师和专家的代名词（Sadler，1989）。从这一视角出发，塞德勒把教师比作专家和鉴赏家，把学生比作学徒，同时根据兰姆普拉塞得（Ramaprasad）的著作，塞德勒提出：教师首先需要对设计的任务质量有明确的概念，对完成任务的学生水平有全面的了解；其次需要能够根据质量要求对学生完成的任务进行评判，并且愿意引导学生参与到整个评判过程；第三，需要长期积累评判决策的经验。

其他一些作者（Black et al.，2003；Stiggins，2004；Stiggins and Chappius，2005）持有相似的观点，他们都强调学生参与评价实践的重要性，认为学习成果的最大化来自师生之间的有效互动，师生需要共同承担学习和评价的责任，共同努力提升学习，提高评价质量。塞德勒（1998：82）强调标准与反馈之间的关系，他坚持认为：

> 如果教师将一部分反馈任务移交给学生，鼓励他们进行自评和自我监控，这就应该成为评价活动计划的一部分，并且正式纳入课程计划。这不应该是教师心血来潮的偶然行为或课程教学的附加行为。

这些观点提倡的是标准应该与学习和教学直接关联，并且直接融入课堂教学实践。无数作者所见略同。例如早在十多年前，斯蒂格勒和希伯特（Stigler and Hiebert）（1997：19－20）就告诫大家如果我们将标准仅仅局限于问责，却在课堂教学和学习过程中忽略使用标准，教师的教学就有可能脱离重点，不能保证学习的提高。本书也站在同一立场上，并且在此基础上进一步探讨标准在什么条件下可以成为课堂教学资源。教学和评价改革为我们探讨标准在课堂实践中的应用提供了良好契机。我们关注的一个重要议题就是评价一旦成为师生共同的事业，就意味着学生的课堂学习空间拓展了，学习机会增加了。

基于上述观点，我们将着重讨论如何利用终结性评价标准为教学服务。确切地说，我们将探讨师生如何通过对话互动讨论标准，获得课堂学习的最佳效果。但是在此，我们需要首先明确界定“水平”和“标准”。

区别水平和标准

一项评价如果是将学生个人的学业成绩表现特征与某一个具体的水平（而不是既定的常模或其他学生的成绩表现）相比较，那么它就是基于水平的评价。而虽然标准以水平为前提，标准参照性评价着眼于标准而不是水平。

在公开发表的文献中，标准有多种界定。其中最为纯粹的一个将标准界定为学生表现水平的描述或者说明（即字母等级或者数字分数）。它与任何其他学生的表现无关，与能达到期望的某一标准的学生人数或者比例无关，也不受学生年龄、年级或实际水平和能力等因素的影响。

在本章中，课堂教学中采用标准参照性评价作为质量评判的评价方式之一。它可以应用到从中小学教育一直到高等教育的各门课程和各个学科领域：英语和其他语种、人文学科和社会科学学科；数学和科学技术领域；创作和表演艺术以及手工技术和设计工艺等等。它也可以应用到不同领域的某一项任务，包括一篇文书或一场戏剧表演

（以形成性为目的）作为学习档案的内容之一，为最后证书的颁发提供评估证据。而且，正如塞德勒（1987）所指出的，课堂教学中的质量评判不需要用复杂的数学模型来解释结果，也不需要经过外部统计才能对结果进行解读。

托格诺里尼（Tognolini）（2005）认为标准参照是对基于既定标准所给出的学生作业或试卷分数做出意义解释的过程。从根本上说，标准的描述语是某一陈述或某一列陈述，旨在用清晰的语言表达某一分数或者等级相对应的质量要求或特征。标准参照性评价的分数或等级可以是各个层面上的：一门课程或一个学科领域，一项任务或一次考试，某一门课程的结业测试等等。

但是在通常情况下，某一分数或等级相应的既定质量要求或特征描述难以穷尽达到该分数或者等级的学生作业或试卷所具备的所有特征。既定的评分标准只能给出某一分数或者等级的总体描述，相应的学生作业或试卷可以以各种不同的方式满足该分数或者等级的所有质量特征。

对任务的质量水平和标准事先给予既定的具体描述，有其优点和自身的局限性，人们对此各执所见。我们的目的不是在此调和这些不同的观点，我们更加关注的是质量的问题，这也是布罗德富特（2009）所强调的。当教师把质量这一概念带到课堂教学中，评价不但能与学习和教学衔接起来，并且从根本上说，能与标准（无论明确陈述与否）衔接起来。只有当教师有意识地在课堂讲解和师生互动中与学生分享作为质量指标的标准和相关的水平，学生才能够对任务质量有清晰的概念和认识，并且应用到完成任务的过程中去。

这时我们就需要在实践中区分“水平”和“标准”这两个不同的概念：它们把教师的评判分割为两个阶段。首先，确定水平（在学生完成的评价任务中找出具有代表性的证据），然后确定标准，将水平与相应等级的标准对应起来（确定学生完成的评价任务中表现出来的证据从哪方面在何种程度上与标准的具体描述相对接)。

对学生而言，最高标准（或相关的水平）就是他们学习的目标。对教师来说，标准用于评价或描述学生完成任务的质量。教师的任务是将学生完成的任务特征与标准进行对接，确定任务特征与哪些标准描述最对应，与哪一等级（A～E）最相符。关于标准和评价如何与所给出的等级联系起来，本书在第七章会有详细的陈述。这里我们重点讨论专业评判和标准的课堂对话—探究法在教学和学习中的应用，使评价成为师生需要共承担同努力的共同事业。

评价的课堂对话—探究法
——以终结性学业成绩标准为教学工具

本节的目标是探索如何从学习者的视角出发采用课堂对话—探究法开展评价活动。我们的讨论是探索性、开放型的，这样可以为教师在课堂上应用这一方法提供很多思考的空间。我们将着重探讨如何积极地利用终结性学业成绩标准这一核心标准为教学服务，实现评价的促学目的、问责目的以及成绩报道目的。我们下面援引的个案研究实例就展示了终结性标准的利用如何成为推动评价的必要手段。

教师评判和终结性学业成绩标准

如前所述，我们认为教师的评价，或者更加确切地说，他们的专业评判是在某一认知和社会情境下的评价或评判。这一观点贯穿于柯布（Cobb）等人（1997）的研究。他们指出社会实践和个人的心理过程存在着反射关系和本构关系。在本书中，基于柯布等人的观点，我们认为意义，或者更为确切地说，我们所关注的明确陈述的（一系列）标准的意义对于标准的使用者而言并不是含义自明，一目了然的。恰恰相反，标准描述语的意义是在实践中假以时日积累起来的。这样的实践需要师生一起对标准描述语进行讨论互动，最终达成对意义的共识。从这一角度出发，无论在师生的头脑中还是在课堂实践中，标准的意义都是相同的，即“达成共识的意义”。并且，标准只有在特定的课堂实践情境下，通过师生的长期使用才能被赋予意义。

此处，我们引用温格（1998）提出的观点：意义是“实践共同体”在不断的沟通协商过程中产生的。其中以下三个维度对实践共同体对意义达成统一的认识尤为关键：共同约定、共同事业、共享资源（包括概念、工具和术语）。在本节中，我们探讨如何在课堂实践中引入终结性学业成绩标准，使课堂成为建立师生共同事业的场所。根据温格（1998）的观点，师生的共同事业在以下情境中产生：

> 师生的共同事业通过集体协商建立起来。这一协商过程充分体现了共同约定的错综复杂，并且由参与协商的师生双方共同加以界定。这样的集体协商过程是师生针对他们所处的特定情境协商出的回应。即使该过程中蕴含了各种不可控力量和影响因素，它在参与者之间建立了彼此的问责关系，因此从深层次来说是属于师生共同的事业。（1998：78）

课堂上，师生分享终结性学业成绩标准。在这个意义协商的过程中，实践共同体中的个人或集体就通过参与培养了实践能力。

根据莱夫和温格的观点（1991），当知识在行动中产生，当实践把在参与和物化的双重过程中所习得的知识加以结合，学习就产生了。温格（1998）坚持认为实践中的意义不仅在于相互沟通，而且在于参与和物化这两个过程的交互作用。其中后者更为根本。两者交互作用，“形成双重性，这是意义的人类经验，因此也是实践的本质”（p. 52）。对学生来说，要通过使用标准来培养实践能力，就需要首先仔细地观察，然后在课堂情境下将所观察到的或者所学到的实践行为形式化

(即物化)。引用温格(1998: 58)的话，物化即“通过将经验凝结成‘物’完成经验转变成某种形式的过程”。宽泛地说，物化是指在实践共同体中参与者对意义达成共识。事实上，共同约定是实践共同体中极其复杂的参与形式，远远不是某一个共同体或集体的努力所能实现的，它需要每个团体以自己的参与方式做出贡献。

这一理念是我们所主张的评价和标准的课堂对话—探究法的中心。戈登·威尔斯(Gordon Wells)(1999)提出“探究”并不是一种方法，而是提出问题并且通过合作努力寻找答案、理解问题的一种素质。“课堂对话—探究”是一种教育理念，它是对个人和社会之间对话关系的承认，也是对通过互动交流习得知识这一学习态度的认可。根据威尔斯的观点，课堂对话—探究法的使用取决于学习环境的特点。我们所关注的是如何把课堂和标准当作集体合作和互动的场所或者背景。威尔斯认为，课堂对话—探究法不仅丰富了个人的知识，而且赋予了转化个人知识的能力，使个人和文化根据不同社会时刻的要求进行转变。在此，我们需要再次思考本章前面提出的问题：如何利用标准使之成为教学工具？什么样的实践会支持师生在课堂上利用终结性学业成绩标准达到提升学习的目的？

这一讨论的中心有以下三重假设：即(1)教学体系的标志之一就是学生能够习得评价专业知识和技能；(2)学生完全依赖于教师的评判并不能获得最大的收益；(3)教师把在课堂上引导学生积极参与评价过程视为己任。根据以上三点，教师，或者更确切地说，专业评判，成为课堂评价的中心。这也意味着教师需要具备更为全面的教学—评判实践技能，引导学生体验评价，从而使他们获得评价专业技能，而不再完全依赖教师给出的评价反馈。

这样，学生通过教师的课堂讲解和师生互动了解标准，标准就能够成为学生一个学年或某个学校教育阶段的长期目标。教师作为校本评价的主要评判者，需要努力使评价要求透明化、公众化，使包括学生在内的所有参与者都能知晓评价的标准。这是所有学校亟须努力的方向，对于学生团体多元化（文化、语言和社会经济）的学校尤应如此。

标准透明化、公众化问题的重点和难点之一就是如何保持外显标准知识（明确陈述的标准）和默会标准知识（未陈述的标准）之间的平衡。这里，外显知识是指“能够用文字加以清晰表述的、易于与他人明确沟通的知识”；默会知识则指“通过经验获得的知识，或者从沟通角度来看难以用语言明确表述的知识”（O'Donovan et al.，2004：238）。波兰尼（Polanyi）（1998：136）指出“我们知晓的比我们能够表达出来的要多”。他认为外显知识和默会知识彼此交织、不可分割，所有的知识都有其隐性的一面。

正是外显知识和默会知识之间的这种关系为我们利用终结性学业成绩标准作为教学工具提供了丰富的理据。确切地说，正是这两者的关系为教师的评价实践提供了更大的空间：教师不仅可以向学生提供明确陈述的标准，而且可以进一步向学生解释、说明标准的意义，及其如何在实践中应用标准，达到促学的目的或者评判的目的。引用史迪克（Stake）（2004：x）的观点：

> 我们需要对例如学生的作业等有一个先期的印象，然后不断地去改进、挖掘、质疑、完善——因为人与人之间通过交流，无论有多片面，总能够挖掘出一些深层次的复杂的含义。这就是听从经验的结果。

作为学习目标的标准

通过何种途径能够使学生听从教师关于质量问题的解释和调整呢？让学生了解标准并且将之定为学习目标不失为有效的方法之一。在之前的讨论中，我们常用“标准”一词作为学业成绩的某一个具体等级的参照。但是，“当它（标准）被人们期待、追逐、渴望，也就成了目标”（Sadler，1998：18）。因此，标准到底是作为学业成绩的水平还是作为学习目标，这取决于学生个人如何看待既定标准。只有当学生接受标准，他们才能把标准视作学习的动力和目标。毋庸赘言，当官方的课程大纲预先规定好标准，系统和教师在评判学生作业或试卷时使用标准，学生才有机会向教师学习如何应用标准进行自评和互评。而当学生发现他们通过自评和互评的体验提高了学习，标准就会成为学习的目标。

要让学生把标准当成目标，我们就需要确定如何培养学生的评价技能：根据既定标准对他们自己完成的任务做出质量评判，然后根据做出的质量评判提高任务的质量。塞德勒（1998）指出，要想培养学生的评价能力，并且通过自我评价提高任务的质量，需要满足三个条件：

> 学习者必须（1）对标准（无论是作为学业成绩水平的标准还是作为目标的标准）的概念有清晰的认识；（2）能够将任务的实际水平与标准进行比较；（3）通过比较发现差距后能够积极采取行动弥补差距。（1998：6）

如果学生不具备第一个条件，对标准没有明确的认识，那么后面两个条件就成了一纸空谈。因此，学生有关标准的知识是他们学习表现进步的前提。

其他一些作者（例如：Ahmann and Glock，1971）认为应该区分两类标准：一类为学生成绩的评判提供预先规定的学业成绩水平参照，另一类为学生成绩的评判提供学习能力和努力程度的参照。本章的关注点在于教学实践：如何通过教师的引导，使学生认识标准，学会在完成任务的过程中应用标准，并且在完成任务后参照标准进行自我评判。这样的教学实践需要教师与学生在课内外共同分享评价实践知识，使学生具备有关标准的知识，了解任务的质量指标。这里，“实践知识”指的是专家赖以承认质量并做出质量评判的知识。当然，评价实践的知识并非一成不变，随着时间的变化，价值和估价也会在实践中产生变化。但是，不可否认，尽管预先规定的质量指标旨在穷尽任务的质量特征，但是评价实践的知识往往超越了预先规定的标准特征。评价实践的知识构建需要接受专家的指导，经过长期的积累，通过自身的实践，最终建立鉴别质量的模型。有文献提供了资深教师如何通过与学生分享他们的实践知识最终使学生获益的个案研究实例。而要实现这样的目标，教师需要拓展他们的知识体系，积累相关的经验和资源。

我们相信精心遴选的学生任务范本可以很好地说明标准。这些范本提供了具体的例子来体现任务的要求和特征。同时，不同的任务范本也可以向学生展示我们可以通过不同的方式来满足既定的要求。另一方面，教师可以通过这些范本向学生示范如何在实践中应用标准，如何在完成任务的过程中使用标准作为目标，并且在完成任务后参照标准进行评判。因此，标准可以用于自评和互评，培养学生鉴别任务质量的能力。

只有通过师生共同讨论并分享标准和范例，教师才能把使用标准判断任务质量的权利下放给学生，引导他们在完成任务的过程中以及任务完成之后利用标准自我判断质量、提高质量。这样的评判实践不仅要求评判者能够使用预先规定的标准进行评判，而且需要使用到以下三类标准（Sadler, 1985; Wyatt-Smith and Klenowski, forthcoming）：外显标准知识（明确陈述的标准）和默会标准知识（未做出陈述的标准）以及元标准。

这里需要强调：资深的评判者不仅能够应用明确陈述的标准知识来鉴别质量，而且能够自如地使用默会标准知识，将任务展现出来的新的特征与隐性的标准特征相对接。事实上，评判者需要灵活应用不同的标准知识去辨别任务表现出来的不同特征。资深的评判者深谙其道，对于任务中展示出来的未列入明确标准描述的特征，他们能够通过元标准知识的应用，发现，辨别，对接，评判。要做到这一点，需要评判者具备专业的评价知识，积累丰富的评价经验。资深的评判者不仅洞悉任务的水平或者特征，而且善于把握应用标准的时机和方法。

不仅如此，他们还善于发现所完成任务展示出来的长处和弱点，并且通过综合、平衡协调最终做出总体评判。如前所述，评判者不应该机械地应用既定的标准和水平，它们不可能预先详尽规定评价任务要求的方方面面，预期任务不同特征的各种组合，穷尽所有的细节，因此不应该成为束缚评判者的死板的条条框框。

因此，学生如果没有获得实战机会亲历评价过程，并且对评价实践中如何应用标准展开讨论，他们就无法真正了解繁复的评判过程和决策。真实的情况是：学生成绩表上记录的一个总评分数或等级无法反映出教师的整个评判过程和评判理据：他们如何对照标准找出任务的特点加以权衡、综合，最终给出一个分数或者等级这一错综复杂的评判和决策过程。因此，我们的优选方案就是使用范例辅助说明标准，并且辅以评语来详细说明评价者是如何解读标准，剖析和权衡协调标准中的各个质量构成要素，最终运用标准给出评判的。

展示质量的任务范例

范例可以取材于往届学生的作业，或者公开发表的专业范例。范例可以是某一项任务，也可以是不同类型的一系列任务。或者，也可以制作范例档案袋，用一系列范例来说明某一个具体档次的标准（例如：A 到 E 档）。当然我们可以用某一个水平的范例来说明某一档次的标准，但是该范例如果正好够上某一个档次的门槛，则效果更佳。用这样的“踩线”范例来说明某一个档次（例如 C 档）的最低要求尤具实用价值。上述范例的作用在于展示满足任务既定要求的不同方式。

一旦对质量的特征达成共识，教师就可以把这些特征挂到校园网上，或者直接贴在教室的墙上，供大家或个人使用。学生然后就可以充当起评判员的角色，应用标准开展自评或者互评。标准应该是开放式的，可以修改，可以补充，这样，在学习某一个单元的过程中，或者有新的任务范例出现的时候，更多的质量特征就可以添加上去。标准也可以作为学生在自评和互评实践中努力程度的参照，无论在完成任务的过程中还是在任务结束之后，都可以应用标准。这里的关键点在于，当有了标准，学生在评判质量时，就不再需要拿同学的任务质量作为参照点进行比较，而可以直接按照预先规定的要求辨别质量。

认知评语的作用——说明评判标准的应用

范例要精挑细选。如果范例能够体现达到任务标准的不同方式，并且辅以教师的评语，对学生的学习大有裨益。下面（见图 6.1）的范例通过描述性的报告和认知评语，很好地说明了默会标准知识如何对教师的评判决策产生正面影响。也就是说，教师可以用明确陈述的标准知识作为参照，兼顾学生任务中表现出来的既定标准中未明确陈述的其他特征，对任务质量做出更为全面的评判。预先规定的标准不可能穷尽任务实际展现出来的所有质量特征，因此只能作为质量评判的临时指标。资深的教师对这一点都心领神会，将这些“其他特征”称为“出乎意料”特征或“意外”特征。我们把图 6.1 中教师的评语称为**认知评语**。要求教师对所有重要的评价任务都做出这样的认知评语似乎不够现实，但是从学生学年档案袋里的评价任务中有选择地做出一部分这样的评语无疑能够帮助师生反思如何综合任务各个维度的特征进行评判。这一方法强有力地说明了认知评语结合任务样本与标准描述能够很好地展示如何在实践中使用标准。更确切地说，这样能够更好地发现任务表现出来的强项和弱点，帮助评判者权衡任务质量的各个方面并最终给出总分或定出等级。这也可以让学生体会到标准并不是数学公式化的刻板标准，基于标准的评判也不是标准的机械应用。例如，图 6.1 中，教师在评语中指出了任务样本的强项和弱点，以及如何权衡两个方面给出了总体评价。透过这个范例，我们了解到教师的评判决策过程，包括教师如何在评判中具体协调平衡任务表现出来的各个方面的特质。而且，在这个范例中，教师给出了影响评分的各个因素，这也有助于评分的复查，包括集体和个人复查。不仅如此，学生也可以从中获益，学会如何去辨别不同任务的质量。

5 年级社会研究课程——教师总评

总体而言，学生 A 的作业样本符合“有待提高＋”要求。该学生使用议论文体表达了自己的观点，描述了金矿区的生活，提供了相关的论据支持论点，符合基本标准。但是该生没有在最后做出总结，对她文中所持观点的理由未能做出解释，也未能使用合适的连词强调逻辑关系强化论据，未达到基本标准。总之，由于学生 A 没有提供总结段落，但是根据标准四又符合基本标准，所以综合考虑，给予“有待提高＋”总评。

来源：Wyatt-Smith and Bridges，2007，in DEEWR and DETA（2007），Appendix 9：295，版权 Commonwealth of Australia 此处引用获得授权。

图 6.1　5 年级社会研究课程学生 A 的作业样本教师评语

本章小结

奥多诺万等人（O'Donovan et al.）（2004）指出要掌握关于标准和水平的知识，熟悉对任务质量的预期，需要综合使用以下内容：

> 相辅相成的方法……对于显性为主的标准，通过语言文字来表达，而对于默会为主的标准，则只能开展实践、（口头反馈）模仿、使用观察法等，通过分享，积累社会实践经验。（2004：330）

本章强调评价是师生的共同事业，聚焦标准用以促学的教学价值，为师生分享评价经验提供了空间。本章中，我们提供了一系列方法，将标准和水平融入到教学过程中去，提升学生的学习。我们的这一观点与莱斯利和内尔森（Lesley and Nelson）（2004）提出的“新的专业技能评分标准”不谋而合，都支持师生投入时间和精力对实践进行探讨和反思。

思考题

1. 根据你自己的亲身经历，谈谈如何回答本章中提出的问题：教师应该如何应对评价决策可能带来的后果？

2. 关于课程你会做出哪些假设？学习的内容是什么？采用什么方法学习？如何开展评价活动？

3. 对于具体的评价模式，你持什么观点？例如，你如何看待包含短文写作和短答题的考试？有些测试需要一段时间完成，鼓励学生搜索资料，并且从他人那儿获得质量反馈后加以改进。你如何看待这样的开卷测试？

4. 教师需要给予学生关于标准的知晓权。你对此持何种态度？你支持教师在课堂教学实践中鼓励学生积极参与评价活动，积累评价经验，获得评价技能吗？

参考书目

1. Ahmann, J. S. and Glock, M. D. (1971) *Measuring and Evaluating Educational Achievement*. Boston: Allyn and Bacon.

2. Black, P., Harrison, C., Lee, C., Marshall, B. and Wiliam, D. (2003) *Assessment for Learning*. Maidenhead: Open University Press.

3. Broadfoot, P. (2009) 'Signs of change: Assessment past, present and future', in C. Wyatt-Smith and J.J. Cumming (eds), *Educational Assessment*

in the 21st Century: Connecting theory and practice (preface). Dordrecht: Springer International.

4. Broadfoot, P. and Black, P. (2004) 'Redefining assessment? The first ten years of Assessment in Education', *Assessment in Education: Principles, Policy & Practice*, 11 (1): 7 – 26.

5. Cobb, P., Gravemeijer, K., Yackel, E., McClain, K. and Whitenack, J. (1997) 'Mathematizing and symbolizing: The emergence of chains of signification in one first-grade classroom', in D. Kirshner and J. A. Whiston (eds), *Situated Cognition Theory: Social, semiotic, and neurological perspectives.* Hillsdale, NJ: Lawrence Erlbaum Associates. pp. 151 – 233.

6. Cumming, J. and Wyatt-Smith, C. (eds) (2001) *Literacy and the Curriculum: Success in Senior Secondary Schooling.* Melbourne, ACER Press.

7. DEEWR, Department of Education, Employment and Workplace Relations and DETA, Queensland Department of Education, Training and the Arts (2007) *Meeting in the Middle—Assessment, Pedagogy, Learning and Educational Disadvantage. Literacy and Numeracy in the Middle Years of Schooling Initiative—Strand A, Project Report.* Canberra: Commonwealth of Australia. Available at: *http://education.qld.gov.au/literacy/docs/deewr-myp-final-report.pdf.*

8. Delandshere, G. (2002) 'Assessment as inquiry', *Teachers' College Record,* 104 (7):1461 – 1484.

9. Ecclestone, K. and Pryor, J. (2003) '"Learning careers" or "Assessment Careers"? The impact of assessment systems on learning', *British Educational Research Journal,* 29 (4): 471 – 488.

10. Elwood, J. and Klenowski, V. (2002) 'Creating communities of shared practice: Assessment use in learning and teaching', *Assessment and Evaluation in Higher Education,* 27 (3): 243 – 256.

11. Flutter, J. and Ruddock, J. (2004) *Students as Researchers: Making*

a Difference. Cambridge: Pearson.

12. Freebody, P. (2006) 'Knowledge, skill and disposition in the organisation of senior schooling'. A discussion paper prepared for the Queensland Studies Authority (QSA). Queensland, Australia: QSA.

13. Gill, J. H. (1993) *Learning to Learn: Towards a Philosophy of Education.* NJ: Humanities Press.

14. Gipps, C. (1999) 'Socio-cultural aspects of assessment', *Review of Research in Education,* 24: 357 - 392.

15. Harlen, W. (2004) 'Can assessment by teachers be a dependable option for summative purposes?' Paper presented at General Teaching Council for England Conference, London.

16. Harris, C. J., McNeill, K. L., Lizotte, D. J., Marx, R. W. and Krajcik, J. (2003) 'Usable assessments for teaching science content and inquiry standards', *Peers Matter,* 1 (1).

17. Harris, C. J., McNeill, K. L., Lizotte, D. J., Marx, R. W. and Krajcik, J. (2006) 'Usable assessments for teaching science content and inquiry standards', in M. McMahon, P. Simmons, R. Sommers, D. DeBaets and F. Crowley (eds), *Assessment in Science: Practical Experiences and Education Research.* Arlington, VA: National Science Teachers Association Press. pp. 67 - 88.

18. James, M. (1998) *Using Assessment for School Improvement.* Oxford: Heinemann Educational.

19. Kress, G. R. (2001) *Early Spelling: Between creativity and convention.* London: Routledge.

20. Lave, J. and Wenger, E. (1991) *Situated Learning: Legitimate peripheral participation.* Cambridge, UK: Cambridge University Press.

21. Lesley, A. R. and Nelson, M. (2004) 'How teachers' professional identities position high-stakes test preparation in their classrooms', *Teachers*

College Record, 106 (6): 1288 - 1331.

22. Messick, S. (1989) 'Validity', in R. L. Linn (ed.), *Educational Measurement* (3rd edn). London: Collier Macmillan. pp. 12 - 104.

23. O'Donovan, B., Price, M. and Rust, C. (2004) 'Know what I mean? Enhancing student understanding of assessment standards and criteria', *Teaching in Higher Education,* 9 (3): 325 - 335.

24. Polanyi, M. (1998) 'The tacit dimension', in C. Rust (ed.), *Improving Student Learning: Improving Student Learning Strategically.* Boston: Butterworth Heinemann.

25. Rowntree, D. (1987) *Assessing Students: How Shall We Know Them?* London: Kogan Page.

26. Ruddock, J. (2004) 'The innovation bazaar: Determining priorities, building coherence: The case of student voice'. Paper presented at the WCET Annual Conference, Hanover.

27. Ruddock, J. (n. d.) 'Pupil voice is here to stay!' Qualifications and Curriculum Authority. Available at: *www.qca.org.uk/futures/*.

28. Ruddock, J. and Flutter, J. (2003) *How to Improve Your School: Listening to Pupils.* London: Continuum Press.

29. Sadler, D.R. (1985) 'The origins and functions of evaluative criteria', *Educational Theory,* 35: 285 - 297.

30. Sadler, D. R. (1987) 'Specifying and promulgating achievement standards', *Oxford Review of Education,* 13: 191 - 209.

31. Sadler, D.R. (1989) 'Formative assessment and the design of instructional systems', *Instructional Science*, 18: 119 - 144. Republished in W. Haren (ed.) (2008) *Student Assessment and Testing*. London: SAGE. pp. 3 - 28.

32. Sadler, D. R. (1998) 'Formative assessment: Revisiting the territory', *Assessment in Education,* 5 (1): 77 - 84.

33. Shepard, L. A. (2000) 'The role of assessment in a learning culture',

Educational Researcher, 29 (7): 4 - 14.

34. Stake, R. (2004) *Standards-based Responsive Evaluation*. Thousand Oaks: Sage.

35. Stiggins, R. (2004) 'New assessment beliefs for a new school mission', *Phi Delta Kappan*, 86 (1): 22 - 28.

36. Stiggins, R. and Chappius, J. (2005) 'Using student-involved classroom assessment to close achievement gaps', *Theory Into Practice*, 44 (1): 11 - 18.

37. Stigler, J.W. and Hiebert, J. (1997) 'Understanding and improving classroom mathematics instruction: An overview of the TIMSS video study', *Phi Delta Kappan*, 78 (1): 14 - 21.

38. Tognolini, J. (2005) 'Measurement', unpublished manuscript. Sydney: Australian Council for Educational Research.

39. Webb, D. C. (2009) 'Designing professional development for assessment', *Educational Designer*, 1 (2): 1 - 26.

40. Wells, G. (1999) *Dialogic Inquiry: Toward a Sociocultural Practice and Theory of Education*. Cambridge, UK: Cambridge University Press.

41. Wenger, E. (1998) *Communities of Practice: Learning, Meaning, and Identity*. Cambridge, UK: Cambridge University Press.

42. Wyatt-Smith, C.M. and Bridges, S. (2007) 'Meeting in the middle—Assessment, pedagogy, learning and students at educational disadvantage'. Final evaluation report for the Department of Education, Science and Training on Literacy and Numeracy in the Middle Years of Schooling. Available at: *http://education.qld.gov.au/literacy/docs/deewr-myp-final-report.pdf*.

43. Wyatt-Smith, C. M. and Gunn, S. (2009) 'Towards theorising assessment as critical inquiry' in C. Wyatt-Smith and J. Cumming (eds), *Educational Assessment in the 21st Century: Connecting Theory and Practice*. Dordrecht: Springer International. pp. 83 - 102.

44. Wyatt-Smith, C. M. and Klenowski, V. (forthcoming) 'Standards, judgement and moderation: Communities of practice', in C. Wyatt-Smith, V. Klenowski and P. Colbert (eds), *The Enabling Power of Assessment: Quality, Ethics and Equity*. Dordrecht, The Netherlands: Springer International.

Web extras

1. Hall, J. N. and Ryan, K. E. (2011) 'Educational accountability: A qualitatively driven mixed-methods approach', *Qualitative Inquiry,* 17 (1): 105 - 159.

2. Seashore Louis, K., Febey, K. and Schroeder, R. (2005) 'State-mandated accountability in high schools: Teachers' interpretations of a new era', *Educational Evaluation and Policy Analysis*, 27 (2): 177 - 204.

第七章
可持续性评价文化

概　　述

本章我们探讨在评价和课程重大改革之际，理性的问责制如何支持教师的专业发展。我们阐释教师如何利用标准、评判实践和学业成绩数据做出以形成性或终结性为目的的理性评判决策。我们援引教学范例和课堂评价的个案研究材料来说明地方专业层面上的贯穿始终的评价如何达到系统层面上的课程和问责要求，并且与其保持一致。我们解释教师如何鼓励学生积极参与评判实践，利用学业成绩标准来开展课堂评价活动，保证评判决策的可说明性、有理据性以及与教学的一致性。我们重点分析教师如何在课堂教学中利用范例帮助学生投入到评判实践活动中，加强学生对标准的理解，从而提高他们的学习质量。我们探讨各种举措来保证评价的公正、信度和效度，平衡评价实践的严谨性和灵活性：既要严格执行标准，又要充分考虑到班上学生的个体差异。

引　　言

通过最近的七个国家和地区的课程要求文献回顾（澳大利亚、加拿大的阿尔伯特和安大略省、芬兰、新西兰、苏格兰、新加坡和南非），我们发现每个国家或地区都在国家课程指南中规定了具体的课程内容以及课程级别（INCA，2011）。虽然各国或地区使用的术语各异，但是“学业成绩标准”（澳大利亚）、“学习者预期”（加拿大）、“学习表现级别描述”（芬兰）、“国家标准”（新西兰）、“学习等级”（苏格兰）、“期望获得的学习成果”（新加坡）以及“评价标准”（南非）都纳入了课程要求，并且在课程指南中有不同程度的具体描述。课程指南不但概述了各门课程的内容，而且明确描述了“总体能力”，说明了“跨学科重点”（如在澳大利亚）。各国课程指南都面向师生，公布于众。人们将上述能力描述为批判性或创造性思维能力以及制定计划、沟通交流和应用能力（加拿大）；道德规范（芬兰）；思维能力、使用语言、符号和文本能力、自我管理能力、交际能力、参与和贡献能力（新西兰）。这些课程和评价的新要求对教师的课堂实践具有重要的意义。课程要求面向未来，强调培养21世纪的本领技能，这就要求教师主动适应新的形势，及时调整他们的评价实践和教学方法。这样的课程改革要求教师在教授新知识、培养新技能的过程中，贯彻因材施教的原则，以适应个性化教学的实际需要。而相关的标准参照性评价改革则对教师课堂实践中的评价专业能力和技能提出了更高的要求。

本章中我们援引个案研究材料来说明如何提高教师的评价专业能力以应对世界各国教师都面临的课堂挑战。在新形势下问责制更趋理性（关于理性的问责下一节会有探讨），意味着高质量的教学强调以学生为主体，鼓励师生双方在实践共同体中的共同参与。我们提倡在课堂教学中融入贯穿始终的评价、辅以范例的使用以及评价原则的应用。这不仅能够使学生明确课程和评价的新要求，而且能够与系统层面上的问责要求达成一致。但是，我们在本章首先会探讨理性的问责，来强调支持教师培养专业技能和评判技能的重要性。然后，我们解释在改革大潮中，国际上对教师在地方层面上的相关要求。本章最后讨论评价原则在评价实践中的应用。

理性的问责

课程改革的要素之一是强调技能的培养和应用，因此教师的教学评价实践也需要做出相应的调整。系统层面上的支持包括资源的供应、教师职业发展上时间的分配以及各种支持性政策的出台。一些国家颁布了评价原则，开发了评价工具等资源，用于评价任务的设计和评价实践，提供了教师课程材料，展示如何设计评价任务，使之与新的课程要求接轨，给予了教师职业发展的培训机会，来提高他们的专业能力以及利用标准进行教学的能力。这些都是系统层面上对教学和评价改革的有力支持。系统给予政策保障支持教师提高专业水平和教学评价能力，提供优质资源促进改革的实施，这些都体现了问责的理性化趋势。这正是奥尼尔（O'Neill）（2002：58）所强调的，如若"我们希望在加强问责的同时能够保障教师履行专业职责，我们需要的是理性的问责"。根据奥尼尔的观点，通过标准化及通过制定具体的规章条例来全盘掌控教师的行为会带来负面后果。她认为理性的问责：

> ……应该摒弃全盘掌控的理念，而更加注重有效的管理方法。除了财务和其他报告之外，学校在具体任务的实施上需要给予一定的自我管理的空间。这是保障有效管理的唯一方法。由于很多问责不能通过老一套的绩效评估指标加以考量，统一标准或条分缕析并不是完善财务等各种报告的良好途径。问责对象应该向有充分时间进行评估和报告的资深专业人士汇报他们工作中的得失成败。真正的问责会对学校或专业人士的绩效做出具有实质性的、富有见地的独立评判。（O'Neill，2002：58）

为了适应评价和课程重大改革的形势，澳大利亚的某一个州启动了理性的问责制：他们重视教师的专业素养，为他们在地方层面的课程和评价决策达到系统层面的问责要求提供支持。教师通过基于证据的评价实践担负起对同行、家长、公众和学生的责任。同时，教师也需要让学生担负起自己的责任，配合教师的教学提高自身的学习技能。在本章中，我们引用当地学校的一名教师评价实践个案研究材料，剖析她如何在政策环境下使用评价工具和评价资源调整评价实践和课程设计，使之既符合地方政策，又满足学生的个性化需求。在该州体制下，通过基于证据的评价实践，通过同行间的专业探讨、沟通与调整，教师的专业能力得到支持、信任和鼓励。这样，通过系统层面在评价任务、课程材料和调整实践等方面的必要充分支持，教师的现场专业评判和决策得到了质量保证。

当代课程改革和要求

通过七个国家和地区课程指南的文献回顾（INCA，2011），我们不难发现根据国家课程指南，教师应该评估学生的知识应用能力和技能，其中包括询问、分析、调查、批判性思维和创造性思维、评论等等。这一改革意味着教师需要重新思考如何对学生的作业进行评判，如何更好地设计评价任务为传授学生学科内容知识和培养学生上述应用能力和技能提供机会。根据塞德勒（1998：80－82）的观点，教师在进行评判时需要使用下列知识和经验资源：

- 具有高于课程内容的知识储备。
- 洞悉适合评价任务的质量标准和水平（或预期）。
- 积累了以往评价类似任务的专业知识和技能。
- 具有良好的教学态度和素养：包括具备合格的教学能力；能够与学生进行换位思考；设身处地为学生学习着想；愿意帮助

学生进步；重视学生对教学和教师评判的反馈；努力使自己的评判做到真实准确；帮助学生时注重方式；摸索出一套为学生提供帮助的特有的方法。

在下面的例子中，我们会通过分析个案研究的实例为教师的评判实践提供启示：如何形成自己的特色评判实践和教学方法，帮助学生提升学习，树立更高的学习目标。我们将分析的是澳洲偏远地区的一所公立学校 12～14 岁英语课堂教学实践，详细说明教师如何在课堂教学中既注重培养课程要求的一些技能或者“总体能力”，又很好地融入了跨学科重点“土著学生和托雷斯海峡岛上学生的历史和文化”。值得一提的是，在新西兰、芬兰和加拿大的一些省份（阿尔伯特、英属哥伦比亚、马尼托巴和萨斯喀彻温），课程指南中包含了跨学科主题和/或对特殊语言文化学生团体的教学。这意味着教师在评价实践中应该充分考虑到学生的多元性，确保评价的公平公正，可靠有效。

评价实践

本节我们讨论的是评价系统的要旨。如前文所述，课程的改革为评价改革提供了良机。教师需要反思评价方法，包括教学活动结束后对学习结果的终结性评价和教学过程中以促进教学为目的的形成性评价。我们在前文已经将评价界定为系统和教师通过一系列方式有意识地采集学生学习数据和信息的过程。在现场层面，教师通过监控学生的学习过程可以了解和关注学生的学习需求，通过评价反馈信息可以完善教学方法，改进学习策略。

要实现理性的问责，我们需要有评价原则来指导评价实践，并且为政策的制定提供参考。评价原则是课堂和学校层面的评价设计的根基，也为政策和问责目的服务。以评价原则为本，教师得以完善正在进行的教学实践活动，保证学业成绩标准能够辅以高质量的范例，同时更好地开展各种评价活动使之达到终结性目的或形成性目的。目前世界各国纷纷进行多样化的评价，在不同的时间，以不同的方式评价学生的学习，以评价原则为中心，确保评价的质量和公正。

评价原则

教师、学校和系统应该遵循下列评价原则来规划评价项目，检查实施中的评价实践和项目，指导教师的专业发展，帮助他们提高专业评价能力。

1. 评价的主要目的包括反馈学习、提升学习和基于标准的学业成绩报告。

2. 评价要基于公正，保证质量。要充分考虑学生的个体差异和个性化需求，促进澳大利亚学校教育的质量和公正。

3. 评价要与课程、教学法和成绩报告衔接一致。高质量的评价具有课程和教学效度——教学要与评价接轨，成绩报告要基于评价。

4. 评价与课程、教学法和成绩报告的衔接一致意味着我们需要从以下维度对学生的能力进行检测：对某一课程或某一跨学科课程的核心概念及其深层理解；解决问题、合作、分析、综合以及批判性思维的能力。

5. 要根据所采集的相关学习证据对学生的学习质量进行评判。任务质量的评价必须基于颁布的标准和采集的证据。

6. 评判的证据要源于多种评价活动。评价活动的设计和取舍要考虑到评价的目的，以及该评价与需要评测的知识内容、理解和技能的相关性。

7. 评价活动中采集的信息能够为评判提供充分、合适的理据。为了体现学生所学内容的深度和广度，学生的学习证据需要汇总经过一段时间（而非一次性）采集的信息。需要定期检查标准，并且根据采集的信息以促学为目的进行及时的修订和完善。

8. 采用的评价方式要符合地方和管辖范围内的政策法规，考虑到当地的优先政策和特殊背景。在政策范围内，关于如何开展评价实践活动，制定适合本校教学需求和现状、满足学生个性化需求的评价计划，学校要给予空间和支持。

9. 评价实践和成绩报告要公开透明，才能让专家和公众对评价过程、采集的信息和做出的决策表示信任。(ACACA, 2012: 5-6)

下面我们要做的评价和教学实践分析就是基于上述 9 大评价原则。在下面的个案研究中，我们会看到教师如何抓住教学课程改革的契机，开展新的标准参照性评价实践活动，创造各种机会培养学生的技能，并且通过跨学科主题加强学生的文化意识。

课堂实践分析

下面的这所学校使用的是全国课程指南和学业成绩标准（National Curriculum and Achievement Standards)，课程材料资源由州教育厅提供。这些资源具体包括：学生学习内容的详细计划——包括学校计划、年级计划、单元计划、每一课的概述、评价和评分指南（适用时）等各种模板；支持学生学习的各种材料（每一课的备课计划和相关资料)；适用于多个年级的材料、概念图、学习单元计划、每一课的概述、评价和评分指南（适用时)；满足学生个性化需求的各种备课资源和材料，包括单元备课计划范例和样课。

学业成绩标准规定了学生在 8 年级末应该达到的英语水平，如图 7.1 所示。

接受模式（听、读、看）

到8年级末，学生能够理解文章的谋篇布局，需要考虑到不同的语言模式、目的以及读者/听众/观众等因素的影响；能够解释文章如何通过使用不同特征的语言、形象和词汇来描述事件、表达观点。

学生能够分析文本，对文章观点和信息来源的可靠性提出疑问；能够从文章中找出证据来说明如何从不同的角度看待文章中的事件、环境和人物；能够找出文章的重点，并且通过讨论加深理解。

产出模式（说、写和创作）

学生能够理解使用不同特征的语言可以产生不同的效果、达到不同的目的；能够解释他们措辞的目的和希望对读者/听众产生的效果；能够通过综合他人文章中的思想、形象和语言特征来表明如何用不同的方式表达思想。

学生能够根据不同的目的、使用不同特征的语言进行创作，激起读者/听众的反应；能够在课堂演示、班级或小组讨论的过程中注意语言艺术的表达；为了使文章产生特定的效果，能够在创作和编辑时将文章的目的、观众/听众的需求和兴趣等因素考虑在内；能够展示语法和词汇能力、拼写正确，准确使用标点符号。（ACARA，2012）

图7.1　8年级英语学业成绩标准

澳大利亚英语课程规定小学高年级学生和中学生能够懂得语言、诗歌和故事是人们分享经历、展示身份和个性、表达观点和情感的主要途径。通过下面我们对课堂教学案例的分析可以发现这些就是课堂教学的重点所在。课堂上，学生通过阅读和分析不同类型的文学作品，主要是土著作者对他们身份、个性和历史的剖析，了解到课文作者（包括编剧、诗人等）如何通过斟酌推敲的构思和语言影响甚至引导读者产生对课文特定的思考、情感和回应。

任课教师布置的评价作业是多模态的课堂口头演示。该作业具有课程和教学效度（符合评价原则3），迎合了学生的兴趣，满足了学生的个性化需求，也充分考虑到学生特殊的文化历史背景（符合评价原则2和评价原则8）。如图7.2所示。

图书馆决定收集我们课程领域内的重要的故事作品，彼此分享和庆祝澳大利亚人的丰富经历。图书馆故事作品集对任何愿意分享故事的学习团体成员开放，特别欢迎该领域的在校学生、历史学家以及旅游者。

这次的作品集是关于土著居民和托雷斯海峡岛民的历史文化和他们的故事经历。诚邀你带上你准备的多模态演示稿，加入到我们这次激动人心的故事之旅。

你的演示要求包括两个部分：

部分 A：有感情地朗读你挑选的作品。

部分 B：对挑选的作品进行分析，说明作品的语言特征；用你独特的方式引导大家来阅读赏析这篇作品，打动观众，激起共鸣。

图 7.2　根据学校背景和学生需求改版的评价任务

这是给 8 年级（约 13 岁）学生的评价任务，重点是关于土著居民和托雷斯海峡岛民的历史文化和经历。任务的目的是培养学生的读写能力、使用信息和通信技术的能力，以及对道德伦理行为和文化差异的理解力。任课教师解释道：

> 这个作业是……（教育厅课程项目的名称）所布置的任务的一个改版。他们提供的任务描述似乎缺乏真实或者类真实生活的背景，这是我们在任务中添加的一个元素。我们想让学生在完成任务时找到自己的角色，并且努力通过合适的语言来体现这一角色关系。

为了让读者更好地理解任课老师的话，我们在下面给出了她提到的教育厅课程项目布置的一个任务样本，见图 7.3。

学生以土著居民和托雷斯海峡岛民的历史文化为主题，挑选一篇文学作品或作品节选（诗歌或散文），然后上交口头演示的录音：

• 朗读所挑选的作品；解释该作品如何通过语言的使用来感染听众、发人深省，引起大家对人类经历不同视角的思考。

图 7.3　州教育厅课程项目布置的任务

州教育厅规定的跨学科重点是提高学生“土著居民和托雷斯海峡岛民的历史文化”意识，旨在向全体澳大利亚青少年普及相关知识，引导学生理解、欣赏土著居民和托雷斯海峡岛民的历史文化，并且了解其对澳大利亚的重要意义，乃至对我们整个世界的历史、现状和未来产生的影响。这一跨学科重点主题涵盖在课程内容（在本案例中就是英语课）当中：或专题讨论融入教学，或潜移默化渗透其中。

教育厅课程项目不仅布置了评价任务，而且给出了任务评判和学业成绩标准的相关信息作为参照，具体见图 7.4。

任务的评判

学业成绩标准

对学生本学习单元（阅读和分析关于土著居民和托雷斯海峡岛民的历史文化的课文）的学习评价应该基于下列学业成绩标准。

到 8 年级末，学生能够听、读、看包括口头的、书面的或多模态展示的文章，能够解释其中的关键信息、概念和议题，能够评价文章语言的特征及其对读者、听众或观众产生的影响；能够概括和综合文章的主要内容和观点，评价支持性证据；能够用具体翔实的论据支持自己的论点，也能对别人使用的论据进行评价；能够解释文学作品、说服类议论文和说明类文章如何以不同的方式描述这个社会各种社会历史背景的群体；能够比较和说明课文的篇章结构和语言特征，解释课文的结构和语言如何为写作目的和读者服务。

学生能够产出书面、口头或多模态的文本，条理清晰，语言连贯，能够表达主要思想，报导事件，陈述见解，并对别人的观点做出回应；能够在不同情境下与他人进行自信的交流；能够通过演讲分享检索获得的信息、表达观点，就某一话题进行辩论，做出具有独立见解的解释，对不同的观点进行评价等；能够选择不同文学体裁创作不同类型的文章（文学类的、说明类的或说理类的）；在组织篇章结构时能够考虑到写作的目的以及读者的需求和兴趣；能够选择合适的词汇和句型以及语言特征来达意表情；能够通过语言手段实现衔接，连接语意。（Australian Curriculum: English for Prep (F0 -10 Version 1.2)）

图 7.4　任务的评判和学业成绩标准

标题：8 年级英语作业的评分量表

		A	B	C	D	E
理解与技能	接受模式	能够鉴赏、分析和解释课文对土著居民的描述和视角**如何引导读者/听众**看待土著居民。	能够有效分析和解释课文对土著居民的描述和视角如何引导读者/听众看待土著居民。	能够分析和解释课文对土著居民的描述和视角如何引导读者/听众看待土著居民。	能够认识课文对土著居民的描述和视角如何引导读者/听众看待土著居民。	对课文中的描述和视角解释不当。
		能够全面解释课文**如何使用不同的语言特征、形象和词汇来表达不同的观点和议题。**	能够有效解释课文如何使用不同的语言特征、形象和词汇来表达不同的观点和议题。	能够解释课文如何使用不同的语言特征、形象和词汇来表达不同的观点和议题。	能够陈述课文使用不同的语言特征和形象是有目的的。	能够认识语言特征和形象。
	产出模式	能够深入解释自己的作品中**使用的语言和形象**如何有效地**影响读者/听众。**（部分 B）	能够有效解释自己的作品中使用的语言和形象如何影响读者/听众。（部分 B）	能够解释自己的作品中使用的不同语言和形象期望如何影响读者/听众。	能够陈述自己的作品中使用的语言特征和形象是有目的的。	能够认识和描述语言特征和形象。
		能够恰如其分地使用**多模态演示**的特征： • 口语特征[1] • 非语言特征[2] • 视觉特征[3] （部分 A 和部分 B）	能够有效使用多模态演示的特征： • 口语特征[1] • 非语言特征[2] • 视觉特征[3] （部分 A 和部分 B）	能够使用多模态演示的特征： • 口语特征[1] • 非语言特征[2] • 视觉特征[3] （部分 A 和部分 B）	能够有限地使用多模态演示的特征： • 口语特征[1] • 非语言特征[2] • 视觉特征[3] （部分 A 和部分 B）	能够有部分多模态演示的特征： • 口语特征[1] • 非语言特征[2] • 视觉特征[3] （部分 A 和部分 B）

反馈：

____

[1]例如：发音；节奏、分句和停顿；能听度和清晰度

[2]例如：面部表情、手势、（与观众的）距离、站姿、动作

[3]例如：图表、静态和动态图像

签名	总评：A　B　C　D　E

图 7.5　评分量表——A～E

图 7.5　8 年级英语作业的评分量表

这个作业关于知识和理解的评分标准与学生认识和解释他人作品（尤其是关于土著居民和托雷斯海峡岛民的课文）中“语言特征”的能力有关。这一评分标准，结合了学生任务（包括产出模式和接受模式）中表现出来的理解和技能的水平（见图 7.5）。从教学的一开始，教师就与学生一起探讨这一评分标准。之后的教学和学习活动中也融入了这些标准的描述。这样评价就成为教学—学习循环的一个有机组成部分。

任课教师这样解释作业的要求：“这个作业相当抽象，难度大！《楠伯雷》（NANBERRY）是州教育厅使用的课文之一，但是我又一次根据学生的具体情况做了一些改编。”杰奇·法兰奇（Jackie French）的小说《楠伯雷：黑白兄弟》（*Nanberry: Black Brother White*）描述的是黑人和白人兄弟之间的文化冲突及其带来的后果。故事的背景发生在殖民地早期的澳大利亚。小说对早期移民的艰辛以及女性在那个时代的贡献都有深刻的描述。总之，《楠伯雷》描述的是澳大利亚殖民地早期土著居民被迫背井离乡的悲惨经历。

任课教师首先给出了必要的步骤，确保学生能够明白如何去完成作业的两个部分（部分 A 和部分 B）。在给学生的作业说明中，老师对重点部分做了突出显示和批注（见图 7.6），确保每位学生对布置的作业要求有清晰准确的认识，从而学生能够在完成任务的过程中精心准备，努力达到作业各个方面的要求。

我明白作业要求了吗？

8年级多模态口头演示讲义

你的任务：图书馆决定收集我们课程领域内的重要的故事作品，彼此分享和庆祝澳大利亚人的丰富经历。图书馆故事作品集对任何愿意分享故事的学习团体成员开放，特别欢迎该领域的在校学生、历史学家以及旅游者。

这次的作品集是**关于土著居民和托雷斯海峡岛民的历史文化和他们的故事经历**。诚邀你带上你准备的多模态演示稿，加入到我们这次激动人心的故事之旅。你的演示要求包括两个部分：

部分A：有感情地朗读你挑选的作品

部分B：对挑选的作品进行分析，说明作品的语言特征；用你独特的方式引导大家来阅读赏析这篇作品，打动观众，激起共鸣。

部分A——使用荧光笔或者电脑上的高亮显示功能突出你的任务以及主题词

挑选一篇关于土著居民和托雷斯海峡岛民的历史文化的文学作品或作品节选（诗歌或散文）。**从图书馆或老师提供的互联网网站**上挑选作品。和老师确认你挑选的**作品适合作业的要求**。

确定你**阅读理解了这篇作品**——作品通过描述向读者讲述和分享了什么？你需要了解更多的历史或背景知识来深入理解这篇文章吗？

练习**演讲技巧**——认真思考你希望通过什么样的语言传达哪种情绪？你的演讲中会包括哪些故事要素？

准备多模态演示稿，你的演示稿需要包括：

——作品的**演示方式**。你可以在课堂上做**现场**演示，也可以**事先在家里录音**然后带到课堂上，向观众放映演示稿。

批注[q1]：这是**背景**——给出理由我们为什么要搞这样一次活动。

批注[q2]：这是我们需要考虑的**观众**——我们怎样才能吸引他们，怎么与他们沟通？

批注[q3]：因此我们要确定选择的作品符合这个要求

批注[q4]：这就可以是我的多模态视频或幻灯片

批注[q5]：这就是在课堂上看我做演示的人

批注[q6]：任务/任务过程的关键词

批注[q7]：主题/参与者：谁、什么

批注[q8]：环境——关于时间、地点、理由、资源、主题等信息

图 7.6　我的多模态演示计划：8 年级英语作业

同时，关于部分 B 的作业要求，任课教师还提供了更为详细全面的信息。她反复强调了作业的目的是评价学生是否能够真正理解英语作品，理解语言所想表达的经历和传递的情感。这也是贯穿始终的评价实践的一部分：

……为了开展有效的评价实践，达到促进学习的目的……师生在学习共同体内同学习、同成长。教师一一解释评价任务中的难点、关键点，整个任务要求明确清晰，整个评价过程透明公开。只有这样，评价才能成为提升学习的最重要的工具。（Elwood and Klenowski，2002：255）

为了明确部分B的具体要求，教师给学生做了额外的说明，见图7.7。

部分B——这一部分是你对**选择**的一个分析——作者的选择**和**你的选择。**作品如何通过语言来传递情感**？**这一部分，你需要在全班同学面前做演讲**。

你的演讲应该解释你所挑选的作品如何通过语言来影响读者对人类不同经历的思考和情感。你需要从文章中找出证据来支持你的想法。

请在下面列出的每一点后面做笔记拟出你的分析纲要

• 用“论点—展开—论据—评论”结构（Statement Expand Evidence Comment）(S.E.E.C)来组织段落。

1. 介绍你准备跟大家分享的作品——先介绍一下自己的名字，告诉大家你的演讲目的。然后介绍作者的名字。你也可以告诉大家你挑选这篇作品的理由，以及其他你希望能够引起观众注意的话题。

2. 概括作品的**大意和观点**，说明作品如何表现澳洲土著居民的身份、个性和价值观。

3. 作品的话题是**什么**？想表达什么样的**观点**？

4. 解释你所挑选的作品如何通过语言的表达来引导读者的思考和情感。这里，你**需要找出具体的例子来说明作品的语言特征**——回顾一下我们在课堂上分析的例子。

5. **《楠伯雷》**

6. **《防兔篱笆/陌路小狂花》（*RABBIT PROOF FENCE*）**

7. **《我的安身之处》（*MY SITTING DOWN PLACE*）**

8. 解释一下**你选择的多模态演示——你希望观众从你的演示中获得什么？你为什么选择了那些特别的画面或者阅读方式来解释这篇作品？**

9. 草拟演示稿并且请教老师，确认方案。

10. 准备并演示你的终稿。

11. **声情并茂地朗读**范例：《我的安身之处》（提供网址），并提供其他帮助学生完成作业的参考网址或资源。

你可以选择的多模态形式包括幻灯片，视频制作软件（音乐和图片）来演示你在部分A选出的作品。你也可以自己在校外把故事拍摄出来，但是学校对你的拍摄不提供相关的资源。

图 7.7　部分 B 的作业要求

任课教师还设计了一张计划表，给出了完成部分 A 的作业框架，供学生准备作业时参考使用（见图 7.8）。这样，教师再次确保每位学生对如何完成任务以及对任务中的关键要求都了如指掌，因此这也是贯穿始终的评价活动的有机组成部分。教师同时还对作业提出了质量要求。

姓名____

我的观众是**谁**？	我的目的是**什么**？	我需要**怎样**表达我的想法？

我挑选的作品的具体信息——题目、作者、来源、年份	
主题——关于什么	
作品如何引导读者看待和理解人类的经历？作品的情感基调是什么？	

语言特征——你在阅读你挑选的作品时，认真思考作品如何打动你，如何表达情感。

故事通过谁的**视角**讲述	
故事的总体**情感或者基调**是什么？	

开心	不开心
安全	不安全
满意	不满意

词汇——使用我的专业用语

描绘	观众	作者	

图 7.8　准备我的演讲稿——8 年级英语作业

除了上述带有批注的任务要求和计划指南，任课教师还给全班同学提供了一份她自己做的作业范例，她解释道：

……我布置的这份评价任务（中），对语言特征的理解和解释有非常明确的要求，因此我会自己先做出一个范例来。“各位来宾早上好”就是我根据作业要求做的一个范例。然后在课堂上，作品解构与建构阶段，我们会一起讨论范例中选择的作品。我发现我班上的学生们能够利用课上所学到的知识，颇为专业地为自己选择合适的角色，使用恰切的语言（例如扩展的名词词组）。

这再次体现了教师贯穿始终的评价特色。教师仔细琢磨提供的任务，根据学生的学习背景，悉心修改任务要求，使评价任务与课程要求以及语言教学的内容保持一致。不仅如此，她还把任务分解成几个步骤用幻灯片一一解释清楚，确保学生能够全面准确地理解任务要求。同时，她还通过自己做的范例进一步向学生展示如何达到任务的质量要求，顺利地完成任务。这样，通过她做的任务说明辅以范例注解，学生对任务的质量标准也心知肚明。最后，她邀请全班同学给范例评分，重点考虑范例是否符合 A 和 B 两个部分的要求，是否有效地解释了作品如何使用语言来交流人类经历。她给学生写了一封信，详见图 7.9。

亲爱的同学们，
这是我的演讲作业初稿（图 7.10），请你评分。
你觉得我哪些地方做得不错?
你觉得部分 B 的要求就是这样的吗?
你能找出我的专业用语吗?
我是怎么根据“论点—展开—论据—评论”来谋篇布局的?
我是怎样解释作者如何使用语言来交流人类经历的?

图 7.9　诠释作业要求

图 7.9 是任课教师写给学生的一封信。信中她强调了作业有 A 和 B 两个部分的要求，引导学生重视作业的几个关键点。她同时特别强调了部分 B 的评分标准。接着，学生会参照评分量表中 A 到 E 等级的标准描述（图 7.5）给范例评定等级。这一评分量表在以课程目标为中心的教学活动的开始阶段就已经在课堂上讨论过了。

Good morning invited guests and welcome to the launch of the latest chapter in The Tablelands Library collection— My Stories My Home. My name is [name provided], and although I am a new member to this region, I am very excited to contribute a story to this project. I think it is important to have stories about our experiences in Australia because it helps us all feel connected as a community. The story I have selected to represent is an extract from the historical fiction NANBERRY. In this opening chapter, the reader is invited by award winning Australian author Jackie French to consider the perspective of Nanberry and his family as they witness the colonists arrive from England. Although Nanberry has never seen anything like these people before, the language choices are not all about **threat and insecurity.** I think people who listen to this story will have a new perspective on the experience of contact between the First Australians and the Europeans who came to Australia to start a new life.

In this short extract, the author is representing Nanberry's life and family. The choices emphasize that, for Nanberry, his home is not a house or structure, but a connection to his place. The language choices focus on Nanberry's **happiness and security.** This is then challenged by the **possible threat** with the arrival of the European ships.

I hope you enjoyed this short extract from the prologue of NANBERRY. (READ MY PART A)

This representation invites the audience to see the world through the protagonist Nanberry's eyes. Jackie French represents Nanberry as **curious** and this section of the story **predicts the changes that are going to occur.** As he watches the arrival of the strange canoes, Nanberry is both **wary** of the strangers and **fascinated** by the ships and the possibilities they present to slip between the sea and the sky.

To represent this, Jackie French has used the language of affect to influence us, the audience, to view this moment as a mixture of emotions. She wants us to read this experience as being a **life changing moment** for all the stakeholders but it is not all negative. Initially, Nanberry's world is represented as being **happy and safe.** French uses the simile, 'Wriggles like a fish' to show Nanberry is enjoying being young and care free. Even when the girls tease him about not having fish, it is represented as loving because the girls **laugh** and Nanberry **grins** in response.

Next, when the boats are spotted, there is a change in language and the writer highlights that something **potentially dangerous** is coming. The vocative of **'maigul' or 'strangers'** indicates that these people are unfamiliar and to be treated with caution. French uses the metaphor **'white ghosts'** to emphasize these new people are unfamiliar and strange, not like the Cadigal. The girls go back into the trees and Nanberry is told to **come away** from the sea. There is the indication that the safety and known way of life for Nanberry and his Cadigal family will change forever with this contact. Nanberry considers the confident actions of the new arrivals, and thinks they behave **'As though they expected us to fade away.'**

While there is a **challenge to security**, the author emphasizes the potential for **positives and possibilities** with her language choices. French uses the simile, **'like the sea eagle controlled the wind'** to create a strong visual image of how Nanberry desires to slip between two worlds, and how the new boats could provide this feeling.

To invite my viewers to understand that this experience is through the curious and inquiring perspective of Nanberry, I selected the close up **image of a child's eye** to be my final image. I felt this connected with the action processes for Nanberry like **'peering'** and **'lingered'**. I also selected visual images that made a connection with the places that were important to Nanberry and the Cadigal, like the beach. My fonts are in **green** to emphasis the connection to the trees surrounding Nanberry's home and I used a font that flowed across the screen, like the waves that are important to connecting Nanberry's worlds of sky and sea, and also the connections between family.

In conclusion, I hope my selection will help people from all backgrounds know and understand more about Aboriginal and Torres Strait Islander perspectives relating to the changing history of Australia, and also encourage all Australians to understand that change and migration is part of our shared history.

图 7.10　部分 B 的教师作业范例

教师通过她自己做的范例（图 7.10），向学生展示了如何完成任务及如何保证任务的质量。学生在了解了教师对任务质量的预期以及任务的评分等级的同时，也找到了自己努力的目标和方向。不仅如此，她还要求学生给教师的作业范例做出评价，给出等级（A～E）。这样，通过引导学生积极参与到评价实践活动中，她充分肯定了学生的作用，调动了他们的主观能动性。而学生通过评价实践，也进一步了解了评分标准以及每一个等级的任务质量要求。

Good Morning ladies and gentlemen, I have been invited by the tablelands regional libraries to present a text to add to the collection. My name is [student name] and the poem that in have chosen is 'who are we' by Richard G Kennedy.

Comment [q1]: What is this collection called? You can find this on your coversheet

Comment [q2]: Check and see if this poem has capital letters in its title.

This is a poem that communicates a feeling of ~~confusion~~ anger and identity. Like many stories by First Australians, this poem also has a strong connection between the land and a sense of identity. When I read this poem, it makes me feel sympathy for indigenous Australians that were in that era and I think this is an important issue for all Australians to think and talk about this because knowing who you are is a large issue. You need to know and understand your culture, religion and who your ancestors are in order to understand who you are.

Comment [q3]: Sympathy means you feel SORRY while EMPATHY means you understand their feelings.

Comment [q4]: What could be a better descriptor for HOW this issue is represented? Important? Central?

NOW I AM GOING TO READ <u>WHO WE ARE</u> BY RICHED [sic[G KENNEDY.

Where in the world do we feel free,
when born into life as an Aborigine?
Our lives changed forever when the white man came.
An idyllic lifestyle never to be the same.

A oneness with nature since the beginning of time.
Now reduced to poverty, no identity, crime.
They conquered our paradise and tore it apart.
Now our mother is bleeding minus her heart.

Nature is screaming and crying in pain
at the loss of her children, the tears fall like rain.
We would like you to listen and pay heed to our words.
But as a minority our voices aren't heard.

As children of the land and make no mistake.
Know that a vengeful spirit will surely awake.
The earth will be cleansed and we must agree
That this will soon happen, for its man's destiny.

Koori Mail, 493: 25

http://www.creativespirits.info/aboriginalculture/arts/aboriginal-poems/who-are-we.html

When you read this poem, think about the MOOD of it. This poem IS about identity but it also has some anger and a warning about the future.
WHAT has happened to this person?
HOW do they express their identity as being connected to the land?
WHAT do they warn will help?

To help create the mood of this poem, the poet uses language of affect to influence us to feel sympathy for the aboriginals. The poet wants us to understand how dramatically their ~~life~~ lifestyle had changed and their land at that moment of time. This poem represents their world as being torn apart, destroyed and them having no say. The poet uses language of affect to express the unhappiness and dissatisfaction of the author. For example.

Comment [q5]: BECAUSE! What has happened as an event?

It shows the way how they were treated, how they were reduced to poverty and no identity, how they would like the people to hear their words and pay careful attention to what they are saying.

There are strong contrasts between BEFORE and AFTER. For example
This poet uses the simile 'the tears fall like rain' to clarify the enormity of sadness for their land, family and their culture during this time.

图 7.11 学生作业样例

一旦学生通过各种资源，包括一系列计划表以及相关的教学评价活动（例如对教师给出的范例做出评价），熟悉了如何完成任务的要求，以及任务需要达到什么样的质量标准，教师就可以实施下一阶段的计划：指导学生完成任务初稿。初稿需要上交给教师用于形成性评价。教师给出反馈，见图 7.11。这就是形成性评价如何发挥其作用促教促学的。在促进学生的学习的同时，为教师提供学生完成情况的反馈：学生充分理解了任务要求吗？通过一系列的教学活动，他们学到了哪些分析技能呢？

教师的范例作用匪浅，在图 7.11 学生作业样例中即可窥豹一斑。该学生参照范例，挑选了一首诗歌，指出了该诗歌的语言特征，说明了诗人如何通过特定的语言反映人类的经历。老师使用修订和批注功能给出了修改反馈，为学生的修改提出了有益的建议。

图 7.12 是学生根据教师的建议经过修改后的终稿。教师给终稿评分。这位学生的终结性评价等级：B。

Good Morning ladies and gentlemen, My name is [name given] and the poem that I have chosen is 'Who Are We' by Richard G Kennedy. I have been invited by the Tablelands Regional Libraries to present a text to add to the collection of important stories from our area that help to share and celebrate the many experiences of being Australian.

This is a poem that communicates a feeling of anger and identity. Like many stories by First Australians, this poem also has a strong connection between the land and a sense of identity. I think identity is an important topic for all Australians to think and talk about this because knowing who you are is a central issue for today's society. You need to know and understand your culture, religion and who your ancestors are in order to understand who you are as an individual.

I HOPE YOU ENJOY THE POEM '<u>WHO WE ARE</u>' BY RICHED [sic] G KENNEDY.

[Here the student recites the poem.]

The poet wants us to understand how dramatically their lifestyle and land since the arrival of the Europeans. In the poets opinion in this he represents their world as being torn apart, destroyed and them having no say in their past circumstances. The poet uses language of affect to express the unhappiness and dissatisfaction of the aboriginals, for example.

The poem shows how they were treated, how they were reduced to poverty and no identity, how they would like the people to hear their words and pay careful attention to what they are saying.

The poet uses the words 'Nature is screaming and crying in pain at the loss of her children' to represent the connection between nature and the Indigenous Australians, it demonstrates how strong they believe in the land and the way of their people but when the British settlers landed in Australia that connection was taken from them. A major part of how they lost that connection was through the stolen generation, when the colonists took custody over the Aboriginal children, they told not to speak their original language or do anything that related to their culture. Culture is an invisible bond that ties people of a community together, it displays itself through the lifestyles of individuals. Culture plays an important role in shaping the persons principles of life. If this was taken away from the children then how would they know who they are, how would they have an individuality?

In conclusion I hope that people from any race, religion and culture will take into consideration how the first Australian's world has been turned upside down since the first fleet has arrived to Australia. Also for people today to understand their culture and to encourage all Australians today, to find who you are and the only way to that is by knowing your culture and past.

图 7.12　学生修改后的终稿

讨　　论

显而易见，在上面的课堂教学案例中，教师的评价实践活动成功地体现和应用了评价原则。评价任务和相关活动的设计，其促学促教的宗旨明确，通过评价给予了 A 到 E 等级的成绩报告（符合评价原则 1）。教师充分考虑到学生群体多元化的特点，兼顾学生的个体差异和个性化需求，对任务要求做出了相应的修改，促进了教育公正（符合评价原则 2）。

“一流学校”的教师，与“二流学校”的教师相比，他们投入更多的时间和精力对事先规定的教学大纲内容加以调整和修改，努力做到因材施教，寓教于乐（Ramsay，1985）。这一公认的研究发现是提升学生学习的重要因素，而上述案例中的这位任课教师无疑深谙其道。对于文化背景多元的学生群体（包括土著学生群体），教师尤其应该贯彻因材施教的原则，对事先规定的统一课程和评价任务做出恰切的调整和修改。这位任课教师任教的学校要求教师使用州教育培训部提供的课程材料。教师本来可以照搬他们提供的现成课程资料和相关材料，无需做出任何改动。但是案例中的这位教师的实践反其道而行之。

案例中，任课教师对提供的现成评价任务做了一定的调整，使之具备真实性，更具现实意义。同时，她在教学评价活动伊始就对评价任务的特征要求和质量要求做了明确的解释（符合评价原则 5）。通常，当教师布置评价任务时，他们很少向学生谈及他们对任务质量的预期，也不常解释对任务的评分标准。这种情况下，学生对任务的了解往往会云里雾里，不清楚哪些任务特征是教师评价的关键，不明了自己完成的任务需要达到什么样的质量标准。本文援引的这个案例中，任课教师使用的方法迥然不同。她布置的口头演示作业要求学生展示出他们的分析和研究能力、评判性思维能力、使用科技的能力和演讲能力，并且能够理解和解释作品对读者思维和情感的影响力。学生需要懂得作品可以通过不同的语言特征、形象和词汇的恰切使用来传递思想、表达观点。正是通过评价学生如何理解语言对读者的影响，评价他们的解决问题、分析综合技能和批判性思维能力，教师很好地贯彻了评价原则 4。在教学活动的开始阶段，教师就为学生提供了一整套信息指导并帮助学生完成任务。这一整套信息包括：

- 对任务的全面概述（前文所述的 A 和 B 两个部分的要求）；
- 供学生准备任务时参考的计划指南；
- 附有批注的任务说明，为学生准备任务提供进一步的帮助；
- 教师亲自完成的任务范例；
- 附上批注的教师任务样本，突出显示完成任务的关键部分；
- 任务的评分标准，概述任务应该达到的标准和水平。

案例中的任课教师认为布置的任务必须细化到上述这些内容。而且，在她的评价实践中还能体现第6、7、8、9四项评价原则：布置的评价任务以评价知识、技能和理解为中心展开（符合评价原则6）；为学生完成任务提供了教师任务范例做参考，对学生的初稿给出反馈，提供修改意见，这些都说明教师的评价促学活动并不是一次性的，而是持续了一段时间的（符合评价原则7）；评价任务符合州一级的要求，但是又根据澳洲偏远地区学校学生的具体情况作了恰切的调整和修改（符合评价原则8）；评价过程透明公开（符合评价原则9）。

本章小结

我们从教学的角度分析了上面这位教师的评价实践个案，剖析了任务的本质特征。这位教师所布置的任务符合课程改革的精神，支持课堂上师生的有效对话，与课外的真实世界相连接，适合当地学校的教学需求和现状。要完成这样的任务，所制定的标准不能仅仅重视知识的习得和“知识的重复”，更需要关注的是知识的理解和创造（Anyon，1981）。由于教师越来越迫于提高学生标准化测试分数的压力，在贯彻执行课程要求时，他们有可能把大量的精力投入到“基础”上面，而往往忽视对学生智力上的挑战。这样的课堂实践显然在课程要求的执行上打了折扣（Anyon，1981）。质量的四大标准包括高层次思维能力、深层知识、师生有效对话以及与课外的真实世界相连接（Anyon，1981）。这四大标准与真实的教学相关联，为我们更好地理解课堂教学和评价实践提供了指导框架。

为了确保课程“面向未来”，为了下一代的教育更具持续性、更富有成效，教师必须走出在教学中只抓基础、只重复知识的误区。要提高全体学生的学习水平，我们需要结合系统层面的资源提供和政策支持，以及教师的专业知识和职业精神。上面援引的教学和评价实践案例衔接了系统层面的问责要求和地方层面的教学实践，体现了可持续性评价文化的发展。

思考题

1. 近期课程改革的哪些方面对教师的评价和教学实践具有重要的启示?

2. 为什么根据特定的学生群体背景对学习任务和评价任务进行修改和调整具有重要的意义?

3. 如何使用范例让学生了解教师对任务质量的预期以及课程学习的要求?

4. 向学生具体解释和描述评价任务有哪些益处?

5. 在课程和评价改革的大环境下，如何衔接现场评价和系统评价?

参考书目

1. ACACA, Australasian Curriculum, Assessment and Certification Authorities (2012) *Principles of Assessment F1 - 12*. Available at: *http://acaca.bos.nsw.edu.au/*.

2. ACARA, Australian Curriculum, Assessment and Reporting Authority (2012) *The Australian Curriculum, Foundation to Year 12*. Available at: *www.acara.edu.au/curriculum.html*.

3. Anyon, J. (1981) 'Social class and school knowledge', *Curriculum Inquiry*, 11 (1): 3 - 42.

4. Elwood, J. and Klenowski, V. (2002) 'Creating Communities of Shared Practice: the challenges of assessment use in learning and teaching',

Assessment & Evaluation in Higher Education, 27 (3): 243 - 256.

5. French, J. (2011) *Nanberry: Black Brother White.* Sydney: HarperCollins Australia.

6. INCA, International Review of Curriculum and Assessment (2011) *International Review of Curriculum and Assessment Frameworks: Curriculum specification in seven countries.* Commissioned by the National Council for Curriculum and Assessment for the Republic of Ireland. Available at: *www.inca.org.uk/thematic_probes.html*.

7. O'Neill, O. (2002) *A Question of Trust: The BBC Reith Lectures 2002.* Cambridge: Cambridge University Press.

8. Ramsay, P. D. K. (1985) 'Social class and school knowledge: A rejoinder to Jean Anyon', *Curriculum Inquiry,* 15 (2): 215 - 222.

9. Sadler, D.R. (1998) 'Formative assessment: Revisiting the territory', *Assessment in Education: Principles, Policy & Practice,* 5 (11): 77 - 84.

Web extras

1. Jacobs, G. M. and Farrell, T. S. C. (2003) 'Understanding and implementing the CLT (Communicative Language Teaching) paradigm', *RELC Journal,* 34 (1): 5 - 30.

2. McVee, M. B., Dunsmore, K. and Gavelek, J. R. (2005) 'Schema theory revisited', *Review of Educational Research,* 75 (4): 531 - 566.

第八章
评价与数字时代的读写能力

概　　述

本章我们从数字化角度出发，探索新兴科学技术如何为评价提供更为广阔的平台。我们同时强调如何在沟通质量要求的过程中使用全新的方式，通过多模态手段，做到标准去纸化、范例数字化。

进入 21 世纪，标准和水平的描述继续发挥着提高任务质量和学习效率的核心作用，学生继续朝着自我监控和自我规范（例如根据事先规定的标准和水平进行自我评价）的能力培养方向发展。但是，当今数字化生活和学习逐渐成为常态，这促使我们重新思考下列问题：

- 如何重新界定有关标准和水平的一些术语？
- 辅助说明质量或标准的范例如何开始以前所未有的数字化形式呈现出来？
- 学生的电子学习档案如何借助新技术发挥作用，支持学生“亲眼目睹”自己的学习轨迹和学习成果，促使他们对自己的学习进行反思？

引　　言

新兴科学技术的发展给人们的交流方式带来了史无前例的变化，

年轻一代学生和上一代学生的教育需求也随之产生了本质上的区别。正如人类为技术的开发和应用提供了新的可能性，新技术也为人类新一代的成长和思维方式带来了新的文化背景。一个有目共睹的变化就是政府部门、商业机构和教育机构日趋重视技术辅助的课程教学和评价（有时被称为电子评价）。虽然新兴技术在课外、校外已经渗透到了人们生活的诸多方面，但是在课堂内教学技术的应用目前仍然处于滞后状态，难以跟上时代的前进步伐。

200多年来，传统的教育模式虽然一直在教育领域里发挥着主导作用，但是，它目前已经无法满足时代的需求，包括培养年轻一代学生迎接数字化未来的挑战。这一点已经成为无可辩驳的事实。为了适应时代的发展和需求，我们需要重点培养：网上阅读和写作的相关技能，创造力、解决问题的能力、有效合作和沟通能力。这就凸显了传统沟通方式和手段的局限性。我们亟须更多更新的呈现模式和沟通渠道。

我们转向重点培养这些技能反映出来的新技术带来的前所未有的现状：快捷便利地获取多元且大量的信息，网上互动、分享和创造信息以及进行多种形式的合作。如今，技术的融合、小型化和轻型化以及社交网络的盛行使不同年龄层次的人群得以用新的方式彼此进行思想文化上的沟通和交流。层出不穷的新技术甚至还给人们带来价值观的挑战，诸如公民责任感、公众生活与私生活的界限等等。

由于新的读写能力不断挑战传统定义的准确性，并且我们也难以精确地界定技术的本质以及介入了技术的读写/社会实践，我们在此先从假定学习者的首要任务开始，展开讨论。首先我们聚焦的是学习使用的科技这一新型工具，这就如同几十年来教师在学校使用黑板和铅笔等惯用的工具一样。首当其冲的命题就是，使用科技这一新方法来评价学习，我们需要重新思考质量指标问题。因此本章关注的一个重点是多模态评价。我们不想也不可能统一质量指标，但是争议的焦点在于随着数字化多模态评价的出现，我们需要用与之相契合的评价元语言来展开讨论。

21 世纪学习者的首要任务

在文献研究和教育政策中，创造力、创新和连接能力已经成为学校、大学以及工作场所的新的首要能力。对这些能力的要求已经从当前的工作环境流入到教育领域。大学和学校亟须培养具有创造力、能够连接并且充分利用网络资源的毕业生。许多作者指出，创造力关注的是创新、发明和高层次的独具匠心，也包括设计、解决问题和团队合作等能力。创造力甚至也延伸到高层次复杂思维能力，信息、学科概念和材料的独出心裁的组合，疑难杂症的独树一帜的解决方案。

一些国家的政府已经开始重金投资教育，培养学生基本的读写和计算能力，以及评价这些能力的大规模的标准化测试。他们认为这是培养年轻一代创造力和解决问题能力的基石。但是，与创造力相关的一些特质不同于、也高于这些基本的读写能力。因此，政府对读写能力等基本技能大规模测试如此重视并不惜重金投资，其风险之一在于它向教师和民众错误地传递了这样一个信息：测试的高分就是教育高质量的体现。而科技的发展清楚地显示：事实远非如此。新的数字时代的读写能力是培养有知识、有见地的公民和有充分准备的劳动力的前提。

金伯（Kimber）和怀亚特-史密斯（2010）根据贝克尔（Becker）（2006）和麦克威廉（McWilliam）（2005）的研究，提出了“去学习”（unlearning）这样一个概念，并视之为 21 世纪有效学习的基本技能。他们指出：“去学习对传统行为模式提出了挑战，为探求新的可能性提供了开阔的思路”。因此，它是创造性思维或行为的前提。他们认为接受“去学习”这一概念就意味着支持师生探索“科技辅助学习的新方法、评价的新理念以及进行知识共建的新的可能性”（Kimber and Wyatt-Smith, 2010: 610）。“去学习”的重要性体现在以下两个方面：首先，它直面当代教师面临的巨大挑战：他们经历着翻天覆地的时代变化，却尚未摆脱传统的纸笔思维模式；其二，它促进了师生之间合作关系的建立，他们需要共同探索如何使用知识、创建知识、分享知识和评价知识。

耐人寻味的是，学者们通过对创造力本质的研究发现：创造力的特质与影响态度和价值观的传统特质相重合。例如，平克（Pink）（2005）建议把创造力与在经济全球化背景下的个人、政治和商业关系中建立和表现共情能力联系起来。正如平克把创造力与共情能力相连接，全球一体化的趋势也促使人们重新审视对劳动力培养的新概念：我们不仅要培养具有竞争力的劳动力，而且要注重培养他们较强的跨文化意识和良好的交流沟通能力。

这也为连接正规学习和非正规学习提供了新的空间（Buckingham, 2007; Sefton-Green, 2003, 2008, 2009）。虽然学校和社区存在着地域上的界限，但是社交网络和互联网的出现意味着知识可以超越空间加以分享了。正如网络世界基于连接，各种学习和新的评价方式也需要跨越课程与学习，实现正规教育现场内外的相互结合。根据某些国家日益扩大的大型写作语料汇编，有关校内和校外之间的学习关系（包括阅读和写作），下面设计的学习实践活动能够支持校内外的学习连接：

- 学科知识和跨学科综合主题的结合，深层知识和理解的培养。知识不再囿于某一孤立的学科。
- 各种校外知识与课内习得的知识的结合。

这些知识的习得不受制于空间；年轻人的学习身份也不受制于学

校（不限于教师更加熟悉的在校“学生”身份）。在校外，年轻人可以以新的身份、新的方式，通过各种学习活动与官方课程发生微妙的关系。我们并非在此贬低或者质疑学习的价值。恰恰相反，我们希望强调的是校内外学习之间的相关性和恰切性：我们需要思考的是关于课堂上教授的官方课程知识、学生通过校外非正规学习习得的知识以及学生自身向往的前途三者之间的联系。如果校本评价能够深入现实，那么评价的范围就不应该局限于校内正规教育的课程内容，而应该扩展到跨学科学习知识。同时，我们也不妨结合科技的使用在测试中融入新的因素使之兼具趣味性和创新性。

能够支持校内外学习连接的（包括读写能力学习）学习实践活动还包括：

- 给学生提供机会学习基本的读写技能的同时，培养他们数字时代的读写能力。数字时代的读写能力有助于他们通过不同的渠道、使用不同的方式将已经掌握的知识融入到新知识的学习中去。
- 给学生提供机会学习有关评价（标准参照性评价）和标准的知识，积累评价经验，从而具备辨识任务质量特征的能力。（这一系列活动的设计基于金伯和怀亚特-史密斯（2009）的早期阐述。）

上述学习实践活动貌离神合，看似包含四个独立的元素，但是实际上各个元素之间存在着内在的必然联系，在学习和评价实践中相互交织，相互依存。作为彼此相连的一整套实践活动，它们反映的是跨学科学习的重要性，强调的是在实践过程中各种知识的连接和融合。换言之，知识虽然在官方课程大纲或指南中被人为地“孤立”出来，但是在实践中，各种知识则是相互交织，需要融会贯通的。只有在学校教育中，才会用诸如“课程”“学科”等词语对知识进行大类分割。我们并不想模糊学科之间的界限，但是我们坚持认为在这个数字化时代，当学生运用知识解决重大问题的时候，他们必须把深入的学科专业知识和各种跨学科知识有机地结合在一起。

从这一理念出发，传统意义上的评价，尤其是终结性评价，评价的是某一门“独立”的课程。例如，当学生谈论考试，总会说英语考试、科学考试、农业研究考试等等。即便当人们普遍承认对任何课程的评价都会对总体的读写能力有内在的要求，并且这一对课程、学习和评价的读写能力要求可能会成为学生课程考试成功潜在的绊脚石，但是目前，评价沿袭的仍然是分门别类的课程评价（Cumming and Wyatt-Smith, 2001; Wyatt-Smith and Cumming, 2003; Hipwell and Klenowski, 2011）。本章中，作者的立场是：科技的发展已经开始渗透到评价领域并且带来前所未有的变化，这为我们反思评价理论提供了良机。评价理论亟须顺应形势，与新时代下悄然发生变化的学习及时接轨。在这一理论框架下，学习者和学习过程成为中心。

这里我们借用帕沃拉和哈卡赖宁（Paavola and Hakkarainen）(2005) 关于学习的三种含义——“知识习得”“知识参与”和“知识创造”。我们推荐读者阅读帕沃拉和哈卡赖宁的原文。根据这三种含义，评价，尤其是终结性评价，似乎基于的仍然是知识习得。从学习的角度出发，我们关注的是采纳或者构建专业知识和心理表征的过程。这里，传统的认知理论提供了理论依据，分析单位是个体。而论及知识参与，评价的重点则转向社会团体中的参与过程。其理论基础是情境和分布认知理论，因此，知识参与的分析单位是群体、团体、网络和文化。而知识创造主要关注的是新材料和新概念产品的开发和创新过程。这时，人们的兴趣点在于有意识的知识提高、发现和创新。其理论基础是活动理论、知识建构理论以及中介认识论。

回到本章的重点：数字时代的评价。我们已经表明了立场：围绕学习者为中心的理念，借助科技的辅助，我们聚焦的是知识的创造。当我们展望有关评价的新理论，显而易见，我们需要将重心从如何评价学生习得的知识，转向如何使用各种评价方式去发现学生在特定的文化背景下如何使用和创造知识，去评价学生个体和群体的学习成就。

对评价的这一重新定位对于我们理解标准以及辅助标准的范例的本质和作用都具有重要的启示。不仅如此，新的科学技术一旦融入到评价中去，对学生学习进步轨迹的记录就成为可能，而这一记录进而就能成为学习自我监控和他人反馈的资源。形成性评价的理论基础（Sadler，1985，1989）就是：通过对标准和范例的使用，辅以教师定期的具有建设性的反馈意见（作为更加专业的他人反馈），学习者在积累评价经验、学习评价技能的过程中得到了支持。正是在这样的条件下，他们逐步向既定的目标靠近，缩小学习水平现实与理想之间的差距。通过连接评价和对数字时代读写能力的理解，我们力求探寻如何借助技术来拓展评估任务、如何借助校外专家资源（例如：社交网站网址）来支持学生的学习。

我们指的“读写能力”是什么？

一直以来，读写能力是人们学习和交流必须具备的能力，而当前日新月异的科技时代更加彰显了读写能力的重要性，人们对培养读写能力的重视也因此提到了前所未有的高度。根据莱伊（Leu）（2000）的观点，无论对于个人、团体还是社会，读写能力：

> 在人们致力于最短的时间里获取最好的信息用以发现和解决最核心的问题并分享成果的过程中起到了关键性的作用。在新的时代，获取信息、评价信息、解决问题、分享成果都已经成为获得成功的基本要素。(2000:1573)

莱伊列举了最近 15 年左右的时间里我们亲历的层出不穷的新科技，其中包括（当然不局限于）：文字处理技术、电子数据库技术、CD-ROM 磁盘技术、多媒体/超媒体技术、电子邮件技术以及互联网技术。而目前，在满足用户使用需求的同时，技术正朝着集中化、小型化、轻型化的方向发展，并且已经取得了史无前例的成就。莱伊（2000）明确指出，科技的发展毫无疑问已经改变了读写能力的特征，而新环境下读写能力的发展反过来也促使人们重新思考对科技本身的定位。

在我们反思新的交流方式背景下读写能力的特征时，有关研究提供的强有力的证据表明：随着时代的发展，读写能力的重要性将与日俱增。例如，莱伊（2000）和他的同事们（Leu et al.，2004）坚持认为，当今时代，由于获取信息、沟通交流的速度已经成为人们获得成功的关键所在，读写能力对年轻一代前途的影响更加举足轻重。诸多专家也进一步指出，要进行成功的读写活动，策略知识倍显重要。这一观点也体现了人们对读写能力倍加重视，我们在本章后面的部分也会有进一步的阐释。此处，策略知识包括屏幕读写、通过信息网络选择搜索引擎搜索繁杂信息、对锁定信息的相关性和可信度进行甄别用于决策并最终付诸行动。网上读写可以通过不同的模态和交流渠道实现，视觉、动觉、口头交流，结合各式软件应用，都能够以各种方式实现需要达到的效果。那么，如何有效地利用网络来使用、创造和分享知识，从而提升思维和评价实践以及伦理评价的质量呢？

描述多模态功能学习的相关术语

年轻一代学习成果的多模态化促成了读写领域一个新的研究热点：如何抓住这一学习发展变化的本质特点并且用恰切的语言进行描述和谈论？博内（Bearne）（2009）报告了两个重要的研究课题。研究发现，教师创立多模态文本的过程普遍呈现出以下连续体特征：(1) 早期摸索；(2) 树立信心；(3) 积累经验，走向独立；(4) 成为自信、资深、独立的多模态文本创建者。她援引的例证虽然不是数字化文本的创建，但是属于多模态的、手绘的、图文描述的。并且，通过这些研究报道，读者得以了解如何去描述和评价这些小学教师创建多模态文本的能力。根据博内的观点，在多模态文本的建立过程中，模态和内容的选择需要与具体的目的、特定的观众和建构文本相契合，所使用的技术特征也要与希望达到的印象或者效果相对应。对多模态文本创建者创建能力进步的评价就是基于他们在上述诸多方面进行协调配对的能力的提高。

致力于读写能力教育研究的有关人士指出：读写教师的关键任务之一就是要提高多模态文本创建的能力 (Coiro et al., 2008)。塞夫顿-格林 (Sefton-Green) (2009) 甚至认为目前学校评价体系俨然已经成为传统落后教育理念顽固的守门人，成为培养失败者和能力低下者的帮凶，严重阻碍着学生学业成绩的提高。从这一视角出发，博内 (2009) 提到的"早期摸索"发展阶段可以解读为成绩有限或者成绩不达标。这也说明了评价语言是价值观的典型体现，向学习者、家长和其他学习团体强有力地传递着他们的价值取向和成功指标。这些评价语言所体现的价值取向和成功指标从入学的第一天开始就传递给了学生，并且随着时间的推移进行不断地强化，最终以此将学生定位为成功者或者非成功者。对学习表现进行这样的归类或者贴上这样的标签有其明显的局限性。在以学习者为中心的课程体系中，这样的评价无助于我们了解学生学习的过程，也无法发挥评价的促学作用。

针对如何建立师生合作团体，共同探讨多模态学习评价的评分标准，已经启动了一些项目。艾伦和科尔曼 (Allen and Coleman) (2011) 的一项澳大利亚课题研究的是如何使用电子学习档案来培养和评价创造力。他们认为在评价实践中，应该更加重视通识评价而非具体学科知识的评价作为学生的毕业要求。同时，他们呼吁评价的重点应该从对结果的评价——终结性评价——转向对过程、产出、人物和地点的综合评价。他们建构的一个电子学习档案模型将各种学习团体都囊括其中（例如，互联网团体、朋友和同事圈、专业学术圈等），同时针对不同的学习群体，收录和发表不同的作品。这样的方法能够使体现质量的特征——标准和水平——做到因目的而异，因人而异。

Web 2.0 技术的应用为协作学习和合作反馈的前景提供了强有力的支持，使得多个团体可以同时给出形成性反馈和终结性反馈。不仅如此，Web 2.0 技术还可以应用于“知识创造隐喻论”。这一理论由帕沃拉和哈卡赖宁（2005）提出，其理论基础是贝雷特（Bereiter）（2002）的知识建构理论、恩格斯托姆（Engestrom）（1987，1999a，1999b）的共创性学习理论以及野中郁次郎和竹内（Nonaka and Takeuchi）（1995）的知识创造理论模型。

根据麦克洛克林和李（McLoughlin and Lee）（2008）的观点，“知识创造隐喻论折射的是社会的变迁：进入了网络知识时代，创造力、原创性和通过网络习得知识的能力都将倍受重视”（p. 645）。他们进一步指出“各种数字化工具和设施都可以用于辅助学习，支持各种学习团体通过网络进行多种形式的交流”（p. 645）。

新技术和相关软件的一大特征就是他们能够在网络作品中插入音频或者视频文件以及不同用户的各种回答或反馈，也能够使天南海北的各地团体实现合作，进行共同创作。在传统的评价实践中，学生总是处于被动状态：等待教师给出反馈并且几乎完全依赖于教师的反馈，而新技术实现了动态的评价反馈。更主要的是，Web 2.0 技术敦促教师走出传统的以教师为主导和权威的课堂评价实践，努力探索师生合作的新的评价模式。这对于形成性评价和终结性评价都具有重要的启示意义。麦克莱和麦基（McClay and Mackey）（2009）与加拿大中学英语教师的一项合作研究强调了评价改革的重要性，呼吁实行新的评价方式，提出了“分布式评价”的新概念（p. 113），提倡师生间展开“目的、工具和评价的原则性谈判”（p. 118）。

相关研究的另一个焦点是社交网址上进行的动态交流和人际互动，摸索开发在三个独立的社交网站上进行的“多模态修辞运用的评价”框架（Rowsell, 2009: 110, adapted from Selfe, 2007）。他们提出了一系列问题来探索如何描述“多模态效果或者陈述、结构、凸显性和连贯性”（p. 110）的标准。在对脸书（译者注：美国的一个社交网络平台）创立者使用的修辞手段进行评价时，着重于下面几个方面的比较：（1）选择的各种模态；（2）修辞效果；（3）主打模态；（4）通过脸书习得的技能清单。

综合几个相关研究报道，我们可以看出虽然对 Web 2.0 技术和多模态的研究还处于初期阶段，但是关于多模态评价的动态特征以及多模态文本创建的描述研究已经初现规模。例如一些作者（Lee and McLoughlin, 2007; Beach et al., 2009）已经开始着手研究如何应用 Web 2.0 技术进行动态评价。他们提倡在数字化学习环境下，全程使用数字化工具实现动态评价。在单个作品中，或者在反映学习动态表现的整个电子学习档案中插入音频文件，word 文本框、博客或者维基百科共建资料，都反映出多模态文本创建者在创建过程中搜索了大量资料来选择恰切的模态、设计和呈现方式。根据这些作者的观点，这些数字化工具的另一大优点是能够提高使用者的元认知意识。他们认为自评、设计和再设计是学习和评价过程的组成部分，“通过正式的机制来思考和反映学习的过程对培养学习中必不可少的元认知意识大有裨益”（p. 171）。从这一观点出发，评价关注的不仅仅是学习者学习成果的质量，同样重要的还有整个学习过程，包括包括其中传统意义上的犯错误以及订正错误的过程。技术的发展如此迅猛，使我们不仅能够使用数字化形式去记录学生的学习成果，而且能够记录和评价整个学习的进展过程。这些技术的进步对评价带来的重大意义，就是我们下面的主要议题。

调整学习和评价，跟上数字时代的发展步伐

体系 1

一些研究者指出，对学生评价的改革是给教学和学习松绑的方式之一。虽然不同的作者使用的术语或陈述的细节不尽相同，但他们一致认为：新时代在职场、终身化学习和新的交流方式方面对学习者的基本能力、特征和素养提出了新的更高的要求，而现存的评价方式，尤其是以报道学习成果为目的的终结性评价方式并不能对上述要求做出恰切的评价，已经远远跟不上时代的步伐。例如，班福德和汤普森（Bamford and Thompson）（2005）指出，评价的进程应该紧跟教学和学习改革，乃至工作和社会革新的前进步伐。他们呼吁开发新的评价方式，提出“如果将创新、创造力和解决问题的能力纳入学习成果，那么这些能力**必须**成为评价过程中明确陈述的重要因素”（p. 18；原文用粗斜体表示）。根据他们的观点，主要基于他人观点的重复，死记硬背的机械式学习以及对个人学习表现的评价模式已经“不再能够评价未来对人才的能力和素质要求，明显落后于时代的发展。评价需要记录的是创造性的、批判性的和思考型的学习”（p. 18）。他们的研究观察使评价完全挣脱了传统的束缚。评价可以成为学习者利用各种人力和物质资源、全身心地长期投入个人或团体学习的激励机制。

班福德和汤普森（2005）制定了一个叫做锐视（ReView）的网络评价体系。在这个体系中，标准被划分为五大类，并且用不同的颜色标示出来，详见下文。根据他们的报导，这一体系还同时具备通识教学的潜力。每一大类使用的描述语与作者使用的术语相吻合（详情请读者阅读班福德和汤普森（2005）的原文）。

创造-创新能力 指的是在学习过程中鼓励发明、承担风险、发挥想象、解决问题、游戏玩耍、创造和创新的能力。

交流 这一标准探究的是交流的多模态特征和意义的形成。它包括说话、写作、阅读和数学读写能力，手势和非语言交际、视觉读写能力，多觉度交流（例如：声音和移动的图像）以及社会语言（例如：仪式语言、举止谈吐、谈判等）能力。

态度-价值 这一标准描述的维度是学习中个人和社会的道德伦理。它包括内在动机的程度（例如：学习积极性），领导力，好奇心，协作关系，人际关系（例如：友谊和互惠），自省能力（例如：自信心），随机应变的能力，关心自我和他人的能力，尊重、自我约束、果断坚定和判断能力。

实用技能 这一标准大类指的是任何年龄段的学习者进行高效学习应该具备的能力。它包括身体技能（例如：跳跃、跑步、舞蹈、握笔、书写、绘画、打字、弹奏乐器和做手势）、概念能力（例如：测量、创作、分析和评价）、信息通信技术技能（例如：计算机技能、拍摄技能和上网技能）以及学习技能（例如：利用图书馆检索资料、采访、报道）。

批判性思维能力 鼓励儿童认识不同思维方式的优势和缺陷，继而学会从多维度思考问题。批判性思维能力表现为学习者对他人学习的纠错能力，对自我学习的认知能力（例如：对学习进行反思），思想开明通达事理、从不同来源采集信息的能力，言之有据，信而有征，汇集不同的信息和技能找出并建立内在的联系，从不同的角度看待事物，提出有趣的问题，发现作为学习者的长处和弱点。

体系 1 的优势

上述这一套标准分类旨在从理论和实践上扩大评价特征的范围。更确切地说，这一评价体系涵盖了现有的官方评价体系并未涉及的一些能力要求。这些能力要求的提出意味着评价应该扩展到对思考能力、创造性和批判性学习实践的认可和记录，并使之成为师生开展学习和问责活动中决策时的重要影响因素。我们在此特别关注的是该体系如何兼容信息通信技术、上网等数字化能力和诸如书写等的传统技能。该体系的优势在于它为评价提供了内容更为广泛的学习指标。不仅如此，该体系旨在建立评价网站，实现网上评价，这就意味着技术的应用空间增大，信息通信技术可以更好地为监控和调整学习提供服务。与其他有关电子学习档案的一些研究一样，该体系也旨在为学生、家长和管理人员服务，不仅向他们提供学生的任务样本，并且提供与既定学校标准相符的各种评价和报道数据。

下面我们讨论的是另外一个评价体系，评价学生如何利用网络使用和创造知识。虽然两个体系关注的都是学生的学习、评价以及意义的形成，但是体系 2 聚焦的是数字时代的读写能力和多模态创作。

体系 2

如前文所述，与传统的纸笔读写和交流方式不同，要利用网络使用、创造和分享知识，我们需要具备特定的技能、策略和方式。我们在此介绍并讨论的第二个体系基于金伯和怀亚特-史密斯（2008，2009，2010）的研究体系，以及以下两个概念：（1）利用已学的知识、文本或资料；（2）创造和分享新知识、文本和资料。在这一体系中，预期的学习能力，如表 8.1 所示，分为四大模块：网络精通、网络信度、网络设计以及跨模态能力。这四大模块不是分级结构，彼此不分等级，互相交织，其中的跨模态能力指的是模态内外呈现的综合特征。

该体系中的**网络精通**不仅指基本的科学技术能力，还拓展到批判性能力和实际运用能力。例如："能够熟练使用网络"（net-savvy）是指网络使用者具备网上搜索、定位和检索出相关信息的能力，而精通网络则意味着他并不是随机使用自动跳出屏幕的搜索引擎进行搜索，而是能够根据不同的目的和背景从诸多搜索引擎和数据库中做出审慎的选择。同时，精通网络的使用者还具备一系列有关软件协议和良性运作的高级应用知识。从这一角度出发，他们在创建高质量的数字化作品的时候能够拥有比其他人更多的选择，也能够更好地理解他人数字化文本体现的设计理念。所有这些技能决定了他们的作品创造过程决不是数字化成品的简单享用，而是利用数字媒体进行的真正的创作设计过程。事实上，网络精通指的是在网络环境下更具目的性、批判性和道义性的数字化运用能力以及创造知识的能力。这不仅适用于社交网络上的参与，也适用于更为正式的与课堂评价活动相关或者相应的网络创作。

网络信度指的是对信息来源真伪的甄别、对信息来源和证据的批判性思维以及对不同视角观点的评价。根据哈斯和威尔登（Haas and Wearden）（2003）的观点，网络信度的概念强调了在无形的网络中证实并且保持信息来源和言论可信度的重要性。网上证据真伪难辨，这就需要我们能够根据专业知识去伪存真。一些研究者早已发现，不少年轻人习惯于直接向网友，而不是行业“专家”寻求帮助（Flanagin and Metzger，2008）。体系 2 的作者们指出，网上有些信息错误百出，具有误导性和迷惑性，年轻人需要寻找方法审慎对待，仔细鉴别。在这一点上，教育工作者的引导至关重要。

当我们讨论年轻人在数字化文本创作中表现出的日益增强的偏好，网络信度的概念尤为重要（Lenhart et al.，2007）。当今时代，信息的传播受众面广，速度快，伴之而来的抄袭和知识产权问题也日益增多，学生作业中对他人作品的各种拷贝、粘贴、改头换面重新组合屡见不鲜。合乎伦理道德的资料使用和合适、公开的致谢是跨模态能力的体现，也是网络使用者网络信度的表现。

网络设计能力是创造力的可视过程和具体实例。各式网络设计，包括不同的方案设计，解决问题的各种途径、创新、原创或者改良的作品，都是创造性思维的具体表现和实例。网络设计的过程包括对各种思想观点的接纳和综合，也包括技术层面上对各种软件和科技工具的熟练使用（即网络精通）。网络设计高手通常对科技工具的各种功能了如指掌，从而在设计中能够驾轻就熟地“把玩”各式软件工具。一些研究结果发现学生通过设计多模态文本，提高了学业，改善了学习表现（Kimber et al.，2007；Walsh，2007）。不仅如此，新伦敦小组（New London Group）（2000）的设计和再设计理念支持对已有的设计作品进行富有创意、博人眼球的重新设计。如前文所述，评价实践是网络精通和网络信度的核心元素，同样，它也渗透到网络设计的整个过程。当然在网络设计中，评价实践的批判性和伦理性维度弱化，创造性和美观性维度凸显。

跨模态能力指的是能够将其他三大模块（网络精通、网络信度、网络设计）中的各种元素成功地综合统一的元素。该元素能够识别、兼容多种旨在表意的交流渠道和方式，所以它既是一个生产者，生产多种交流方式共存的局面；也是一个接受者，接受并兼容这些不同的交流方式。跨模态能力也使人们意识到当今信息交流的速度不论是在当地还是在国际范围内，都为人们与外界的联系、互动与回应提供了新的渠道。因此跨模态能力的潜力在于学习团体的建立，为学习者提供不同的交流方式、多样的平台以及各式的活动。在这样的学习团体中，专业人士，或者我们称之为“数字时代文化向导”，发挥着重要的作用——他们既是在线用户，也是网络制作者，因为他们既具备科技知识又拥有一技之长，而且熟谙特定网络团体内信息周转之道。

<table>
<tr><th>利用已学的知识、文本或资料</th><th>创造和分享新的知识、文本和资料</th></tr>
<tr><td colspan="2">跨模态能力
能够利用并超越源文件、利用技术平台和各种呈现方式创建新的数字化文件，在以批判性的思维看待内容和思想的同时，兼及设计的美学效果。</td></tr>
<tr><td colspan="2">网络精通</td></tr>
<tr><td>• 能够根据不同的目的和背景从诸多搜索引擎和数据库中做出审慎的选择
• 能够高效、熟练地使用各种软件
• 能够有效记录源文件以备反查</td><td>• 能够根据特定的观众、媒介以及内容类型选择合适的软件和呈现方式
• 能够根据特定的观众或者目的有效地利用软件达到特定的效果</td></tr>
<tr><td colspan="2">网络信度</td></tr>
<tr><td>• 能够建立资源（网址和作者）的准确性、流通性、可信性和可靠性
• 能够辨别源文件所体现的价值观和意识形态，了解这些价值观和意识形态如何反映出民族、文化、地点和时代的特点
• 能够审慎地选择资源、权衡各派观点、寻求确凿证据
• 能够明智地利用各种资源就某一话题找到自己的立场
• 能够找出并且剖析文件的各种元素（口头、视听渠道）如何有机地结合在一起表明和证明自己的立场</td><td>• 能够审慎地选择资料的来源用于展示或者沟通
• 能够合理利用精心选择的资源促进沟通
• 表明自己的观点和立场并且进行自我辩护
• 对资源的使用合乎伦理道德，做到学术上或者道义上的公开致谢</td></tr>
<tr><td colspan="2">网络设计</td></tr>
<tr><td>• 能够充分认识和辨别资源的优势，并且能够将资源用于：（1）新的应用以及（2）恰切的展示模式
• 使用资源做到合乎伦理道德（例如：准确的应用、适当的公开致谢）
• 能够接受他人的贡献</td><td>• 能够对已有的资源和材料通过合理的收集、整合和设计，创作出富有美感、独具创意、连贯统一的新作品或者新模式（例如：颜色、字体、空间布局）</td></tr>
</table>

表 8.1　利用网络使用、创造和分享知识的评价体系

来源：金伯和怀亚特-史密斯（2010），此处引用获得授权。

体系 2 的优势

体系 2 中的元素符合下面的理念：强调将评估知识、有关标准的知识和数字时代的读写能力融入基本知识（Kimber and Wyatt-Smith,

2009)；认为基于研究的评价要以促学为目的，评价原则应该与数字时代的学习背景更为紧密地联系起来（Assessment Reform Group, 2002）。该体系为人们在运用知识、产出知识或者创建其他新的文字材料时兼及评价性和创造性提供了可能性。在各种转换节点上：地点、筛选、拷贝以及资料的转换，尤其是在创建新的文本时，我们需要不断进行评价，所做的决策同时也需要合乎前文提到的道德伦理。上述一切都反映了网络与获取和转换数字化文本的速度息息相关，也反映出两者之间相互影响的复杂关系：在这两个基于屏幕的活动中，使用者兼具操作者、消费者以及数字化文本建立者等多种身份。

一个有待进一步挖掘的研究领域是关于连接和分享知识的理念，尤其体现在年轻人在网络互动中的合作方式。此外，当各种校外知识的习得打上了非正式网络学习（换言之，非学校教育）的烙印时，学习者之间，以及学习者与网络社团专家之间的协作、交流和分享知识的机会也随之增多了。

在体系2中，我们得以在总体评价学习过程及学业表现质量时将认知、创造力以及美学元素纳入其中。上面三种元素，旨在成为可在一系列不同的学科领域中，根据不同的评价任务或项目自如使用的评判标准。不仅如此，这些元素旨在帮助师生思考与讨论数字化任务的质量，有助于实现自我监控和学业提升。

除了上述的两个体系本身，本章所关注的还有范例和标准的在线使用问题。在线使用范例和标准的一大优势就是可以将学生的电子学习档案样例放到网上，辅助说明什么是学业成绩，通过具体实例体现如何满足任务质量的要求。这样，范例和标准可以同时在地方层面和系统层面使用。不仅如此，评价任务的范例也可以挂到网上。高质量的评价任务辅以学生完成的任务样本，能够为教师的年级备课计划提供有益的素材。同时，电子评价库还能为教师的评判实践助上一臂之力，尤其是教师因此得以在网上修改学生的作业，并且在学校或地区范围内将之放到网上以供分享。

维金斯（Wiggins）（2013）对教育曾做出如下思考：

> 昨天上微博，读到埃里克·罗布朗（Erik Robelen）博客上转载的《教育周刊》（*Education Week*）中一则有趣的新闻：一些州……开始认真思考在21世纪技能/精神运动中，把对创造力的评价纳入其中。我觉得这真是个好消息，这将带来教育界的一场地震。

维金斯（2013）的总结一语中的："对创造力的评价：是的，你能做到；是的，你也应该做到。"通过一个关于反馈的学生民意调查，他进一步指出：

> 我发觉一个现象，颇耐人寻味：学生普遍反感地认为评分标准扼杀了创造力。这样的误解令人担忧：如果学生认为评分标准并未鼓励他们的创造精神，相反却阻碍了他们的创造力，这就意味着教师误解、误用了正确的评分标准和支持说明标准的各种范例。如果评分标准向学生传递出这样的信息：评价就是乏味无趣的任务加上千篇一律、墨守成规的回答，这只能说明我们当教师的未能履行好自己的职责：我们严重失职了。

对于维金斯的观点，我们做出的回应同样简洁明了：我们同意！

思考题

1. 请回顾本章最开始提出的问题：你认为教育工作者对他们所教授的学生的校外生活了解多少？延伸问题：对于学生带到课堂上的课

外知识，你做何评价？

2. 在思考上述两个问题时，请先简单地回忆一下你的亲身经历：一方面是学校执行的官方教学大纲和评价要求，另一方面是你在家庭、课外学习团体等各种校外背景下获得的知识和读写能力，这两者互相吻合吗？

3. 从学生和科技的应用者的视角出发，你同意这样的观点吗：评价与科技密切相关的数字化学习的质量，以及评价以纸笔为主导的课堂学习质量，两者应该基于不同的评价原理，开展不同的评价实践活动？

4. 如果学生能够通过社交网络以及其他电子工具在学习上获得专业的反馈、建议和指导，这对形成性评价和终结性评价具有什么启示意义？教师的角色和作用会因此而发生什么样的变化？

5. 回顾一下你利用网络知识设计任务、设计新的多模态文本的经历：你使用什么样的标准来评价你的作品？在你的设计过程中以及你完成的作品中，这些标准都是显性的吗？这些标准能够明确地告诉你质量的特征吗？在你的设计过程中以及你完成的作品中是否使用了这些标准来监控质量呢？

参考文献

1. Allen, B. and Coleman, K. (2011) 'The creative graduate: Cultivating and assessing creativity with eportfolios', *Proceedings Ascilite*, 4 – 7 December. Hobart, Australia.

2. Assessment Reform Group (2002) *Assessment for Learning: 10 principles. Research-Based Principles to Guide Classroom Practice.* Available at: *www.assessment-reform-group. org/CIE3.PDF*.

3. Bamford, A. and Thompson, D. (2005) 'Transforming student assessment to liberate pedagogy', *Snapshots*, 3 (2): 17 – 21.

4. Beach, R., Clemens, L. and Jamsen, K. (2009) 'Digital tools: Assessing digital communication and providing feedback to student writers', in A. Burke and R. F. Hammett (eds), *Assessing New Literacies: Perspectives from the Classroom.* pp. 157–176.

5. Bearne, E. (2009) 'Multimodality literacy and texts: Developing a discourse', *Journal of Early Childhood Literacy*, 9 (2): 156–187.

6. Becker, K. L. (2006) 'Unlearning: A people development issue for sustainable change and innovation', in *7th International CINet (Continuous Innovation Network) Conference*, 8–12 September, Lucca, Italy.

7. Bereiter, C. (2002) *Education and Mind in the Knowledge Age.* Hillsdale, NJ: Erlbaum.

8. Buckingham, D. (2007) *Beyond Technology: Children's Learning in the Age of Digital Culture*. Cambridge, UK: Polity Press.

9. Coiro, J., Knobel, M., Lankshear, C. and Leu, D. J. (2008) *Handbook of Research on New Literacies.* New York: Lawrence Erlbaum Associates.

10. Cumming, J. and Wyatt-Smith, C. (eds) (2001) *Literacy and the Curriculum: Success in Senior Secondary Schooling*. Melbourne: ACER Press.

11. Engestrom, Y. (1987) *Learning by Expanding.* Orienta-Konsultit Oy: Helsinki.

12. Engestrom, Y. (1999a) 'Innovative learning in work teams: Analyzing cycles of knowledge creation in practice', in Y. Engestrom, R. Miettinen and R-L. Punamaki (eds), *Perspectives on Activity Theory.* Cambridge, UK: Cambridge University Press. pp. 377–404.

13. Engestrom, Y. (1999b) *Learning by Expanding: Ten Years After*. Introduction to the German edition, titled *Lernen durch Expansion*. Marburg: BdWi-Verlag (Reihe Internationale Studien zur Tätigkeitstheorie, Bd. 5; translated by Falk Seeger).

14. Flanagin, A. and Metzger, M. (2008) 'Digital media and youth: Unparalleled opportunity and unprecedented responsibility', in M. Metzger and A. Flanagin (eds), *Digital Media, Youth and Credibility,* The John D. and Catherine T. MacArthur Foundation Series on Digital Media and Learning. Cambridge, MA: The MIT Press. pp. 5 - 28.

15. Haas, C. and Wearden, S. (2003) 'E-credibility: Building common ground in web environments', *L1 - Educational Studies in Language and Literature*, 3: 169 - 184.

16. Hipwell, P. and Klenowski, V. (2011) 'A case for addressing the literacy demands of student assessment', *Australian Journal of Language and Literacy,* 34 (2): 127 - 146.

17. Kimber, K. and Wyatt-Smith, C. (2008) 'Assessing digital literacies: Can assessment ever be the same?' in L. Unsworth (ed.), *New Literacies and the English Curriculum.* London: Continuum. pp. 328 - 354.

18. Kimber, K. and Wyatt-Smith, C. (2009) 'Valued knowledges and core capacities for digital learners: Claiming spaces for quality assessment', in A. Burke and R. Hammett (eds), *Assessing New Literacies: Perspectives from the Classroom.* New York: Peter Lang Publishing. pp. 133 - 156.

19. Kimber, K. and Wyatt-Smith, C. (2010) 'Secondary students' online use and creation of knowledge: Refocusing priorities for quality assessment and learning', *Australasian Journal of Educational Technology,* 26 (5): 607 - 625.

20. Kimber, K., Pillay, H. and Richards, C. (2007) 'Technoliteracy and learning: An analysis of the quality of knowledge in electronic representations of understanding', *Computers and Education,* 48 (1): 59 - 79.

21. Lee, M.J.W. and McLoughlin, C. (2007) 'Teaching and learning in the Web 2.0 era: Empowering students through learner-generated content', *International Journal of Instructional Technology and Distance Learning,* 4 (10): 21 - 34.

22. Lenhart, A., Madden, M., Rankin Macgill, A. and Smith, A. (2007) *Teens and Social Media*. Washington, DC: Pew Internet and American Life Project.

23. Leu, D.J. Jr. (2000) 'Literacy and technology: Deictic consequences for literacy education in an information age', in M. L. Kamil, P. Mosenthal, P.D. Pearson and R. Barr (eds), *Handbook of Reading Research,* Vol. 3. Mahwah, NJ: Erlbaum. pp. 743 - 770.

24. Leu, D. J. Jr., Kinzer, C. K., Coiro, J. and Cammack, D. (2004) 'Toward a theory of new literacies emerging from the Internet and other information and communication technologies', in R. B. Ruddell and N. Unrau (eds), *Theoretical Models and Processes of Reading,* 5th edn. Newark, DE: International Reading Association. pp. 1568 - 1611.

25. McClay, J. K. and Mackey, J. (2009) 'Distributed assessment in ourspace: This is not a rubric', in A. Burke and R. F. Hammett (eds), *Assessing New Literacies: Perspectives from the Classroom.* New York: Peter Lang. pp. 113 - 132.

26. McLoughlin, C. and Lee, M. J. W. (2008) 'Mapping the digital terrain: new media and social software as catalysts for pedagogical change', *Proceedings Ascilite.* Melbourne: Australia.

27. McWilliam, E. (2005) 'Unlearning pedagogy', *Journal of Learning Design*, 1 (1): 1 - 11.

28. New London Group, The (2000) 'A pedagogy of multiliteracies: Designing social futures', in B. Cope and M. Kalantzis (eds), *Multiliteracies: Literacy Learning and the Design of Social Futures.* London: Routledge. pp. 9 - 37.

29. Nonaka, I. and Takeuchi, H. (1995) *The Knowledge-Creating Company: How Japanese Companies Create the Dynamics of Innovation.* New York: Oxford University Press.

30. Paavola, S. and Hakkarainen, K. (2005) 'The knowledge creation

metaphor— An emergent epistemological approach to learning', *Science & Education,* 14: 535 - 557.

31. Pink, D. (2005) *A Whole New Mind: Moving from the Information Age to the Conceptual Age.* New York: Riverhead Books.

32. Rowsell, J. (2009) 'My life on Facebook: Assessing the art of online social networking', in A. Burke and R. Hammett (eds), *Assessing New Literacies: Perspectives from the Classroom.* New York: Peter Lang Publishing. pp. 95 - 112.

33. Sadler, D.R. (1985) 'The origins and functions of evaluative criteria', *Educational Theory,* 35 (3): 285 - 297.

34. Sadler, D. R. (1989) 'Formative assessment and the design of instructional systems', *Instructional Science,* 18: 119 - 144.

35. Sefton-Green, J. (2003) 'Informal learning: Substance or style?' *Teaching Education,* 13 (1): 37 - 51.

36. Sefton-Green, J. (2008) 'Is informal learning the new "new literacies"?' in conversation with K. Mallan, A. Bruns and J Coates, Queensland University of Technology, Brisbane, 27 May.

37. Sefton-Green, J. (2009) 'Epilogue', in A. Burke and R. Hammett (eds), *Assessing New Literacies: Perspectives from the Classroom.* New York: Peter Lang Publishing. pp. 193 - 197.

38. Selfe, C. L. (ed.) (2007) *Multimodal Composition: Resources for Teachers.* Cresskill, NJ: Hampton Press.

39. Walsh, C. (2007) 'Literacy in the new media age: Creativity as multimodal design'. Paper presented at Critical Capital: Teaching and Learning, AATE and ALEA National Conference, Canberra.

40. Wiggins, G. (2013) 'On assessing for creativity: yes you can, and yes you should', *Granted, but... thoughts on education by Grant Wiggins.* Blog, available at: *http://grantwiggins. wordpress. com/2012/02/03/on-assessing-*

for-creativity-yes-you-can-and-yes-you.

41. Wyatt-Smith, C. M. and Cumming, J. J. (2003) 'Curriculum literacies: Expanding domains of assessment', *Assessment in Education: Principles, Policy and Practice*, 10 (1): 47 - 59.

Web extras

1. Bennett, D. E. and Davis, M. A. (2001) 'The development of a computer-based alternate assessment system', *Assessment for Effective Intervention*, 26 (3): 15 - 34.

2. Vasudevan, L. and Campano, G. (2009) 'The social production of adolescent risk and the promise of adolescent literacies', *Review of Research in Education*, 33 (1): 310 - 353.

第九章
面向未来的评价

概　　述

本章我们再次表明我们的立场："优秀教师"应该抓住评价改革的良机，利用电子工具和新兴科技，在评价实践中体现面向未来的评价理念。本书前文所述的主要观点强调了评价的改革要顺应时代的发展。我们认为在课程改革和提倡标准参照性评价的评价改革的国际大背景下，政策制定者、学术研究人员、教师、学生以及广大民众都需要认识到问责要求的重要性及其对评价政策和评价实践带来的影响。我们视之为评价改革的重要契机：传统的纸笔考试方式、教师或者学校实施的评价模式是时候与网上数字化评价模式结合起来了。时代的发展促使我们重新思考评价的本质和特征：评价将不再仅仅是对知识习得的测量，它更应该包含对学习过程的关注——学习者在学习团体内的参与和投入程度以及他们利用科学技术创造知识的能力。这一评价的新观点也敦促教师更新他们的教学评价理念，拓展原有的知识体系，注重评价技能的培养和发展。

引　　言

本章我们回顾能够明确解释评价、课程和教学三者关系的理论体系，这有助于我们更好地理解三者之间的必然联系。我们也会再次强调以面向未来的评价理念为中心的评价体系。正如本书第八章所述，数字时代新兴科技的发展为新的评价模式的实施提供了契机，传统的纸笔考试、教师或学校实施的评价将不再是评价学生学习的唯一方法。网上数字化评价模式的启用将成为评价的转折点。

在这评价改革之际，我们当然也需要了解关于学习的不同理论和观点，以及它们对评价方式产生的种种影响。但是此处我们会从关于评价的理论发展开始讨论，以表明我们的观点和立场。本世纪以来，评价实践和方式的主要转折点都与人力资源的发展密切相关。人力资源在此界定为：

> 与个人、社会和经济的健康发展息息相关的个人知识、技能和其他能力及素养。(OECD, 1999: 11)

本书的第四章、第七章以及第八章都明确表明：对学生学习的评价不再局限于以多项选择为主导的纸笔考试。相反，对学生学业成绩的评价方式趋于多样化，其中包括给学生布置复杂的任务，使他们能够通过任务的完成来展示理解能力、分析技能、解决问题的能力、适应能力以及创造力等等。与此相应，这对教师的评价素养也提出了更高的要求：教师应该具备包括设计评价任务在内的一系列评价专业知识和技能。严格的、对认知能力有更高要求的评价，要求所设计的评价任务的答案是开放型的，分析或解决问题的方案是多样化的，因此不存在任务的唯一正确答案一说。评价任务设计的这一改革凸显了教师在评价学生学习时的评判和决策能力的重要性。在本书的第二章和第五章，我们探讨了教师如何在课程和评价改革的大潮中，以标准参照性评价为纲，通过在评判和决策实践中使用标准来提高评价素养。

本书的第二章对近期课程与评价改革的政策驱动进行了分析：我们解释了国际学生评价项目（PISA）如何在国家教育政策的制定中发

挥其重要的影响力，推动教育改革的进程；我们剖析了教育改革给国家课程和评价体系带来的重大变化，例如在德国，人们对他们称之为“PISA 冲击”的浪潮做出的一些回应。我们认为国际学生评价项目的实施，显而易见，从一定程度上“在国家或州的范围内，把政策和评价实践与课程标准和学业目标有机地结合在了一起”（Breakspear，2012：27）。国际上，以完善制度和提高绩效为目的的外部问责在全球知识经济大环境下也发挥着重要的作用。

本世纪知识的发展加重了“知识分子”的工作负荷，相应知识体系的更新难以与知识爆炸的速度保持同步。知识创造“要求态度的转变，这不仅仅指知识分子个人的态度，也包括整个组织机构的态度”（Drucker，1999：156）。这里组织机构包括中小学、大学和政府部门等教育机构。我们能够看到政府为应对知识迅速发展的要求已经采取了相应的举措：他们开始引进新的课程要求和学业标准。这些改革都宣称“面向未来”。新的课程要求关注下一代的可持续性成长，这与我们本书前文的观点相契合：教师不能再仅仅停留在“基础知识”的教授上，不能仅仅强调知识的习得和重复。高质量的教学应该培养学生的高层次思维能力，教授有深度的知识，开展有效的对话，使课堂教学与课外现实世界紧密联系起来（Anyon，1981）。这些都是“优秀教师”应该具备的教学素养。

我们相信评价是一个互动的彼此交流的过程，是一种社会实践。这一理念基于学习的社会文化观。本书的第三章明确指出，教师在课堂教学过程中通过与学生的互动来更好地了解学生就是学习的社会文化观的重要体现。这样的评价体系重视的是与他人的学习互动和知识的创造，这与传统的以知识习得、测量理解为中心的评价截然不同。不仅如此，我们认为这一理念有助于开展更具文化针对性的教学和评价实践，从而能够更好地保证教育的公正。

评价面向未来的发展趋势

如何更好地理解评价"面向未来"的发展趋势？我们在此借鉴"三元交互学习论"。这是一个新的学习认识论，将学习视为"知识创造的过程，人们借助中介协作开发共享对象的过程"（Paavola and Hakkarainen, 2005：535）。从这一认知视角出发，学习不仅仅是已有知识的融合和回顾，也不仅仅是常规实践的参与，它更是知识的创造和表达过程。面向未来的评价理念就是基于上述学习理论，认为知识的进步在科技的辅助下将更具协作性，这尤其适用于以知识创造过程为核心的知识社会。对学习的面向未来的评价注重的是在特定文化背景下个人或者集体进行知识的构建、发现和创新以及新材料、新产品和新概念的开发（Paavola and Hakkarainen, 2005）。

我们在此以逐渐兴起的帕沃拉和哈卡赖宁（2005）三元交互学习认识论和沃特金斯（Watkins）的学习观为引领来探讨面向未来的评价的意义。以学习的知识习得隐喻或者知识"灌输"观（Watkins, 2003：40）为指导的教学侧重于知识的灌输和教导，教学方式是教师为主体的"独白式"，是典型的教师一言堂形式。与之相应的评价关注的是学生所掌握的知识量，评价形式是典型的笔头考试，正确答案就是课堂教学内容的反映。目前流行的学习观视学习为参与过程，学习者在学习共同体中通过参与共同构建知识以及"建立个人意识"（Watkins, 2003：40），教学方式更多地呈现出"对话式"特征。与学习的参与观相应的评价偏重行为表现测评，注重个人意识的建立和意义的形成。面向未来的评价理念基于学习的知识创造观，注重新材料、新产品和新概念的开发。学习的知识创造隐喻关注的是知识构建以及"特定文化背景下由科技辅助的新概念、新产品的开发"（Paavola and Hakkarainen, 2005：541）。与之相应的评价注重在真实、协作的背景下借助科技辅助开发的新概念、新产品，通过社会互动生成知识。评价任务包括通过合作找出解决问题的方案，以及运用创新技能和三元交互方法生成知识。下表 9.1 就是对评价面向未来的发展趋势中重要概念的总结。

学习观	时间	主要模式	评价方式
知识的习得和传承过程 灌输的知识包括学科知识、知识及其描述	过去	独白式 教师为主体 灌输和教导	笔头考试 正确答案 测量——习得的知识量 答案是教学内容的反映
在学习共同体中通过参与共同构建知识以及“建立个人意识”的过程	现在	对话式 学习共同体中的参与	行为表现测评 证据为个人意识的建立和意义的形成
知识创造过程 个人或者集体通过科技辅助构建知识，开发新材料、新产品和新概念	将来	三元交互 信息与通信技术辅助 数字化学习环境	协作式，生成式 创造、开发新材料和新的解决问题方案 对学习的批判和反思 使用信息与通信技术的真实的任务

表 9.1　评价面向未来的发展趋势

对“优秀教师”的启示

那么，面向未来的评价实践对“优秀教师”有哪些启示呢？本书的第八章，我们分析了教育的重点应该转移到对下列能力的培养：数字时代的读写能力、创造力、创新性、解决问题的能力，以及机智性和适应性。虽然我们承认新兴科技的重要性，但是必须指出，科技仅仅是电子工具，提高教师的评价能力和评价素养才是王道。贯穿整本书的中心就是教师在评价设计中的重要作用。同时，教师不仅应该具备全面的学科知识，理解学校正规教学知识与校外社团习得知识之间的交互关系，还需要拥有数字时代的读写能力、有关标准的知识以及对质量的正确理解。

当我们展望未来，我们认识到“优秀教师”在得到新兴的科技和“特定文化背景下由科技辅助开发的新概念、新产品”辅助的同时，还需要培养全面的评价技能。以面向未来的评价理念为指导，师生得以共同努力，注重学习的质量、创造性和新颖性，注重知识的运用能力。只有这样，基于证据和标准的评价和决策才能与分辨、监控和反馈保持同步，实现知识和学习的提高。

教师的培训应该跟上时代发展的步伐。教师的岗前培训传统上以学科知识的培养为中心，我们在此呼吁要拓展教师的知识体系，包括：评价、课程、数字化和屏幕化等多种读写能力知识。正如本书在第八章中所述，“优秀教师”应该充分意识到时代发展对教师提出的新的要求。一名“优秀教师”应该在学校开展课堂教学的同时，重视学生课外习得的知识，包括在社团、社交网络等社会文化背景下习得的知识以及学校开展的有家长和当地学习团体参与的各种学习活动。他们应该对自己的学生有全面的了解：不仅熟悉他们的校内学习表现，也了解他们的校外生活。

有关标准的知识在评价学习表现或者学习过程的质量时继续发挥着重要的作用。如本书第七章所述，在课程和评价改革的浪潮中，为教师的实践提供政策上和资源上的支持仍然对培养和支持“优秀教师”意义匪浅。这正是本书作者始终坚持的观点：有了系统层面上政策和资源的充分支持，附以教师致力于提高全体学生学习的专业能力和敬业精神，现场层面的教学和评价实践活动才能够与系统层面的问责要求达成一致，从而保证可持续性评价文化的发展。这也是优秀教师发挥的另一大作用和肩负的另一重要责任。

教育研究者将继续致力于有关面向未来的评价的研究和发展。新兴科技层出不穷，在这样的文化背景下，人们的行为模式和思维方式都需要跟上时代的潮流，这就为教育研究者们提供了新的研究课题。数字化革命带来了社会的剧变，如果面向未来的评价注重培养人们的创造力和创新，机智性和适应性，使他们能够更好地适应这个变化的社会，获得更多的机会，那么教育研究者们就需要与学校和教育部门继续并肩作战，担负起这个重任。如今一些企业在评价领域中发现了商机，已经开始通过互联网参与到评价的设计和实施中去。这给学校教师和学校都带来了新的挑战。诚然，教育领域欢迎商业伙伴的加入，但是教育工作者和“优秀教师”如何在教育商业化的大环境下坚守“质量”，是教育研究者们尤须关注的课题。专职教师对他们的工作质量肩负重任。要发展面向未来的评价，开展面向未来的评价实践活动，教师需要具备评价实践、自评和自律的能力。

本章小结

本书聚焦标准、教师评判和调整如何在课程和评价改革的国际大背景下，保证高质量的、具有创新性的、面向未来的评价为理性的问责服务。评价不仅仅应该满足外部问责的要求，而且需要保证其本身的质量和公正性，实现为学习服务的最终目标。我们通过分析调整实践，阐述了评价如何为问责和促学服务，强调了培养教师评判和决策能力的重要性。我们也陈述了质量保证的双重功能，教师通过学习和讨论确定学习能力的构成要素和质量指标，对既定的标准达成一致，从而保证评判结果的可比性，使用标准的一致性。教师通过参与调整实践，确保所做出的评价恰切、有意义，并且给教学和学习带来启迪。

本书的第四章、第五章和第七章通过分析教师实践的个案，阐明了如何在评判实践中使用学业成绩标准，并且提供了评价实践的一系列原则。在第八章，我们提出了基于三元交互学习认识论的面向未来的评价理念（Paavola and Hakkarainen, 2005）。我们举例说明了新科技给人们的交流方式带来的翻天覆地的变化，人们需要通过科技的辅助来创造知识、形成意义。在此我们重申我们的立场，这也是很多评价业内人士的心声：教师是保证高质量评价的核心。当代教师的任务不再囿于建立传统的师生课堂教学关系，我们主张课堂教学实践的改革，提倡教师引导学生参与到教学中去，不仅学习课程知识，而且学会如何自我辨别质量。正是通过参与优秀教师设计的各种课堂实践活动，学生提高了他们的分析能力、创造力，学会了利用新的科技去创造知识。面向未来的评价支持教师的评判和标准的使用，着眼于培养学生的知识创造能力，帮助他们为应对未来的挑战和机遇做好准备。

参考书目

1. Anyon, J. (1981) 'Social class and school knowledge', *Curriculum Inquiry*, 11 (1): 3 - 42.

2. Breakspear, S. (2012) 'The policy impact of PISA: An exploration of the normative effects of international benchmarking in school system performance', OECD *Education Working Paper*, No. 71. OECD Publishing. Available at: *http://dx.doi.org/10.1787/5k9fdfqffr28-en*.

3. Drucker, P.F. (1999) *Management Challenges for the 21st Century*. Oxford: Butterworth-Heinemann.

4. OECD (Organization for Economic Cooperation and Development) (1999) *Measuring Students' Knowledge and Skills: A New Framework for Assessment*. Paris: OECD.

5. Paavola, S. and Hakkarainen, K. (2005) 'The knowledge creation metaphor—An emergent epistemological approach to learning', *Science & Education*, 14: 535 - 557.

6. Watkins, C. (2003) *Learning a Sense-maker's Guide*. London: Association of Teachers and Lecturers.

Web extra

Wiener, L. (2002) 'Assessing systemic reform's "Learning by All": Who evaluates learning by policy analysts?' *Educational Policy*, 16 (2): 239 - 263.

索　引

书　　名　教育评价
　　　　　——标准、评判和调整
著　　者　[澳]瓦伦缇娜·克兰诺斯基　克莱尔·怀亚特-史密斯
主　　编　张晓涛
译　　者　沈　蕾
责任编辑　丁　维
装帧设计　李广玹
出版发行　凤凰出版传媒股份有限公司
　　　　　江苏凤凰教育出版社（南京市湖南路1号A楼 邮编210009）
苏教网址　http://www.1088.com.cn
照　　排　南京紫藤制版印务中心
印　　刷　江苏凤凰通达印刷有限公司（电话025-57572508）
厂　　址　南京市六合区冶山镇（邮编211523）
开　　本　890毫米×1240毫米　1/32
印　　张　8.25
版　　次　2016年4月第1版　2016年4月第1次印刷
书　　号　ISBN 978-7-5499-5674-6
定　　价　35.00元
网店地址　http://jsfhjycbs.tmall.com
新浪微博　http://e.weibo.com/jsfhjy
邮购电话　025-85406265，025-85400774，　短信02585420909
盗版举报　025-83658579